Nanociências

Christian Joachim
Laurence Plévert

Nanociências

A REVOLUÇÃO INVISÍVEL

Tradução:
André Telles

Revisão técnica:
Luiz Sampaio
CBPF/CNPq

ZAHAR
Rio de Janeiro

Título original:
Nanosciences (La révolution invisible)

Tradução autorizada da primeira edição francesa,
publicada em 2008 por Éditions du Seuil, de Paris, França

Jorge Zahar Editor
rua México 31 sobreloja
20031-144 Rio de Janeiro, RJ
tel.: (21) 2240-0226 / fax: (21) 2262-5123
e-mail: jze@zahar.com.br site: www.zahar.com.br

Liberté • Égalité • Fraternité
RÉPUBLIQUE FRANÇAISE

Cet ouvrage, publié dans le cadre de l'Année de la France au Brésil et du Programme d'Aide à la Publication Carlos Drummond de Andrade, bénéficie du soutien du Ministère français des Affaires étrangères. «França.Br 2009» l'Année de la France au Brésil (21 avril – 15 novembre) est organisée: em France, par le Commissariat général français, le Ministère des Affaires étrangères et européennes, le Ministère de la Culture et de la Communication et Culturesfrance; au Brésil, par le Commissariat général brésilien, le Ministère de la Culture et le Ministère des Relations éxtérieures.

Este livro, publicado no âmbito do Ano da França no Brasil e do Programa de Apoio à Publicação Carlos Drummond de Andrade, contou com o apoio do ministério francês das Relações Exteriores. «França.Br 2009» Ano da França no Brasil (21 abr – 15 nov) é organizado: na França, pelo Comissariado Geral Francês, pelo Ministério das Relações Exteriores e Européias, pelo Ministério da Cultura e da Comunicação e por Culturesfrance; no Brasil, pelo Comissariado Geral Brasileiro, pelo Ministério da Cultura e pelo Ministério das Relações Exteriores.

Ilustrações cedidas pelo autor
Projeto gráfico e composição: Mari Taboada
Capa: Bruna Benvegnù

CIP-Brasil. Catalogação-na-fonte
Sindicato Nacional dos Editores de Livros, RJ

J58n

Joachim, Christian, 1957-
Nanociências: a revolução invisível / Chrsitian Joachim, Laurence Plévert; tradução André Telles; revisão técnica Luiz Sampaio. — Rio de Janeiro: Jorge Zahar Ed., 2009.

Anexos
Inclui bibliografia
ISBN 978-85-378-0149-9

1. Nanociência. 2. Nanotecnologia. 3. Inovações tecnológicas. I. Plévert, Laurence. II. Título. III. Série.

CDD: 620.5
09-2363 CDU: 620.3

SUMÁRIO

Introdução

O maravilhoso está em todos os infinitos

Este livro convida a um mergulho no infinitamente pequeno, e, uma vez "lá embaixo", a brincar com um único átomo ou uma única molécula. Nossa experiência comum jamais trabalha com esses objetos unitariamente, pois eles são pequenos demais para serem tocados um a um. Qual o tamanho de um átomo? Em vez de fornecermos sua dimensão — um bilionésimo de metro, ou seja, um milionésimo de milímetro —, podemos nos perguntar que tamanho ele teria se eu, leitor deste livro, tivesse o tamanho do planeta. Um átomo, nesse caso, seria uma bolinha de um milímetro. E se fosse grande como uma moeda, então eu, leitor, cresceria até minha cabeça tocar o Sol. Um átomo, portanto, não pode ser visto com nossos olhos nem com nossos mais potentes microscópios ópticos.

Em 1981, foi inventado um novo instrumento, o microscópio de tunelamento, o qual permite formar a imagem de um único átomo ou de uma única molécula de cada vez numa tela de computador. Mas os microscópios "eletrônicos" já forneciam imagens de átomos numa tela fosforescente nos anos 1950. Em contrapartida, o microscópio de tunelamento é o primeiro instrumento que permite igualmente tocar, com sua pequena ponta, um único átomo de cada vez, e ao mesmo tempo deslocá-lo à vontade. Em geral, quando tocamos em alguma coisa, os bilhões de átomos dos nossos dedos entram em "contato" com os bilhões de átomos do objeto tocado. Porém, a ponta do microscópio de tunelamento é tão fina que permite realmente tocar um único átomo e até mesmo construir, átomo a átomo, arquiteturas atômicas inéditas. Essa ponta torna-se o prolongamento do dedo do cientista.

O microscópio de tunelamento também está transformando nossa relação com a matéria. Com esse microscópio como ferramenta, surgiu uma abordagem tecnológica diferente, que consiste em construir, átomo a átomo, estruturas cada vez maiores, em "monumentalizá-los" até que cada qual constitua uma máquina minúscula capaz de funcionar como uma grande máquina. Esta é uma abordagem ascendente da construção de um dispositivo, que está na contracorrente da miniaturização.

Imaginemos, por exemplo, que se queira fabricar um cubo um milhão de vezes menor que um grão de areia, isto é, que medisse um nanometro de lado, ou seja, um bilionésimo de metro. Para construir esse nanocubo será preciso agregar 60 átomos um a um. Essa tecnologia ascendente de construção átomo a átomo, possível graças ao microscópio de tunelamento, chama-se "nanotecnologia". Na abordagem descendente da miniaturização, seria preciso obter 100 bilhões de bilhões de átomos para fabricar o mesmo nanocubo a partir de um cubo de um centímetro.

Logo, por essência, a nanotecnologia é uma tecnologia que preserva os recursos materiais. Porém, ao longo dos anos, a definição de nanotecnologia tornou-se cada vez mais elástica: ela transformou-se em "nanotecnologias", que não dizem mais respeito apenas à manipulação da matéria átomo a átomo, mas fazem referência a todas as técnicas que permitem fabricar "objetos pequenos" com uma precisão da ordem do nanometro, quando põem em jogo bilhões de átomos, e não mais alguns poucos.

Como passamos da nanotecnologia dedicada ao desenvolvimento sustentável para as nanotecnologias "saco de gatos" que conhecemos hoje? Essa evolução, que relataremos no Capítulo 1, resultou de uma inacreditável operação política, em que se misturam guerra de influência, dinheiro e competição. Em poucos anos, ela desviou a nanotecnologia de seu objetivo inicial. As nanotecnologias de hoje, que utilizam os mesmos princípios tecnológicos de antes da invenção do microscópio de tunelamento, impelem a miniaturização a seu extremo e flertam com a escala nanométrica. Devemos-lhes extraordinários dispositivos medindo algumas dezenas de nanometros de lado, o que significa que compreendem vários milhares de átomos. Descreveremos estas pequenas maravilhas no Capítulo 2, que retraçará os episódios marcantes da aventura da miniaturização, frequentemente confundida com aquela da nanotecnologia.

No Capítulo 3, contaremos a verdadeira história da nanotecnologia. Durante muito tempo os físicos sonharam em aproximar-se o máximo possível de um átomo ou de uma molécula. Com o microscópio de tunelamento, o sonho dos físicos tornou-se realidade. Agora eles podem ter acesso a uma molécula e estudá-la como se a tocassem com o dedo. A exploração desse mundo material "lá embaixo" apenas dá seus primeiros passos. Os físicos buscam saber se os fenômenos observados nessa escala obedecem às leis que conhecemos ou se irão pôr em xeque nossos conhecimentos de física.

Com o microscópio de tunelamento, pode-se *a priori* construir, átomo a átomo, todas as estruturas moleculares possíveis e imagináveis! A síntese de novas moléculas decerto não é impossível. Centenas delas são produzidas diariamente nos laboratórios, as quais entram na composição de corantes, remédios etc. Mas essas novas moléculas são fabricadas aos bilhões e bilhões de exemplares ao mesmo tempo (uma só gota de água contém mais de 1.500 bilhões de bilhões de moléculas!), enquanto a molécula fabricada sob a ponta do microscópio de tunelamento constitui um exemplar único.

Equipados com um microscópio de tunelamento, os físicos e químicos não iriam perder a oportunidade de conceber novas moléculas para com elas confeccionar, por exemplo, as mais minúsculas nanomáquinas, dispositivos mecânicos ou máquinas de calcular. Essa abordagem ascendente é promissora: já se estudou o funcionamento de surpreendentes engenhocas minúsculas, constituídas por uma única molécula, e veremos no Capítulo 4 com que poderiam parecer as máquinas das gerações seguintes.

Um dia, certamente será possível construir estruturas maiores, por exemplo, moléculas do mundo vivo, como o DNA, proteínas e membranas para protegê-las. Mas o que irá acontecer uma vez reunido todo esse aparato molecular? A vida estaria no fim da monumentalização? O mundo vivo exerce sobre nós um fascínio do âmbito do sagrado. Onde se esconde a essência da vida no monumental aglomerado de átomos constituído por uma célula? No Capítulo 5, indagamos se a fantasia de recriar a vida *ex nihilo* tem alguma possibilidade de se concretizar.

As nanotecnologias levantam outras questões desconcertantes: as nanomáquinas poderiam tornar-se autônomas e escapar ao nosso controle? Poderiam ser tóxicas e prejudiciais ao ambiente? As nanotecnologias suscitam debates apaixonados, mas, para além disso, o progresso científico é uma questão, oscilando entre as vantagens e os inconvenientes de suas aplicações. Faremos uma exposição desses debates e indagaremos, no Capítulo 6, se cabe temer a exploração desse infinitamente pequeno.

Este livro propõe-se a descrever o que são realmente as nanotecnologias e a refletir sobre suas consequências científicas e práticas. Para isso, é preciso redescobrir essa vontade de compreender que é característica do ser humano. Nós a associamos comumente a estrelas, galáxias, ao imensamente grande. Mas o maravilhoso está em todos os infinitos.

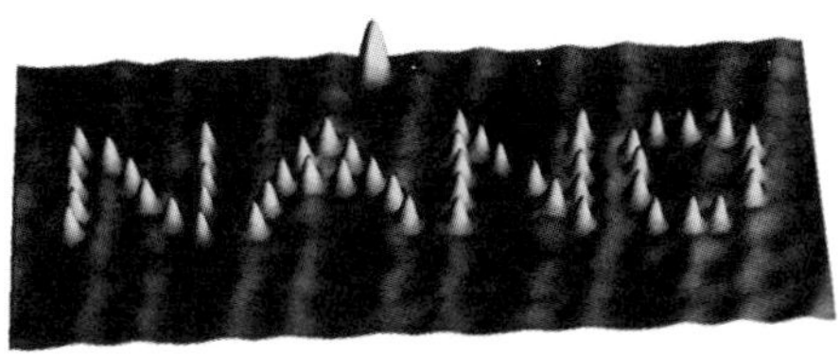

Imagem obtida por microscopia de tunelamento de 51 átomos de ouro (mais um átomo não identificado) depositados na superfície de um cristal de ouro. Os átomos aparecem nessa imagem como pequenas protuberâncias de 0,15 nanometro (nm: milionésimo de milímetro) de altura. Cada um dos átomos de ouro foi deslocado pela ponta do microscópio para escrever a palavra "NANO". A precisão do posicionamento é da ordem de 0,05nm, e a menor distância entre dois átomos de ouro nas letras é de 1,2nm. Essa escrita átomo a átomo foi realizada para este livro num microscópio de baixa temperatura da empresa Createc, por Soe We-Hyo e Carlos Manzano, pesquisadores do grupo Atom Technology, do instituto IMRE, da agência A*STAR, Cingapura, dirigido pelo autor. Tamanho real da imagem: 10nm x 30nm.

1.

DESVIO DE RUMO

Nos anos 1980, a nanotecnologia era um sonho para todos aqueles que se sentiam preocupados com o futuro do planeta. Tornava-se evidente que um dia seria preciso reduzir a quantidade de matéria e energia consumidas para fabricar todas as nossas máquinas. Por exemplo, em nossos dias, a fabricação de um microcomputador necessita de 240kg de energia fóssil, 22kg de produtos químicos e 1.500 litros de água. A de uma única conexão USB consome 250 litros de água e diversos produtos químicos poluentes.

A nanotecnologia, engatinhando na época, segundo esperávamos, iria libertar a indústria da utilização de matérias-primas em massa para fazê-la entrar numa era de desenvolvimento sustentável. Era este o meu projeto, e de outros pesquisadores. Na época eu havia feito um pequeno estudo sobre o planeta que ainda me lembra esse sonho de juventude. Divertia-me explorando novas tecnologias inofensivas ao meio ambiente em todas as vertentes industriais. Por exemplo, nesse projeto, eu mencionava os trabalhos de Kevin Ulmer, diretor de pesquisas da empresa Genex na Califórnia. Ele pretendia fabricar circuitos eletrônicos ultraminiaturizados, à base de proteínas produzidas por bactérias geneticamente programadas. Com isso, faltava pouco para que os computadores se tornassem comestíveis! As pesquisas do químico norte-americano Ari Aviram, dos laboratórios de pesquisa T.J. Watson, da IBM, perto de Nova York, também ocupavam um espaço significativo nessa lista. Ele propunha reduzir um componente eletrônico a uma única molécula. Tentava confeccionar um interruptor eletrônico com uma molécula capaz de bloquear a corrente, ou ainda fabricar um retificador elétrico molecular, isto é, descobrir uma molécula que só deixasse a corrente passar em uma direção.

Nessa mesma linha, Forrest Carter, químico norte-americano do NRL (Naval Research Laboratory), imaginava diminuir o tamanho não apenas dos componentes, como também do circuito eletrônico inteiro, limitado a algumas moléculas. Esses projetos alimentavam a esperança de transformar a microeletrônica numa "nanoeletrônica" que viesse a moderar os efeitos ambientais gerados pela indústria eletrônica.

Eu não era o único a pesquisar tecnologias alternativas que respeitassem mais o meio ambiente. Eric Drexler, jovem engenheiro do MIT (Massachusetts Institute of Technology), em Boston, imaginara em sua tese outros dispositivos, diferentes dos componentes e circuitos eletrônicos moleculares. Em seu livro *Engines of Creation*, publicado em 1986, ele descreve máquinas moleculares de um futuro bem distante, capazes de reciclar dejetos e produzir água pura e energia. Essas máquinas, reduzidas ao essencial, isto é, a algumas moléculas, fariam nossa civilização alcançar a tecnologia molecular.

Mas esses belos projetos foram tragados pelas nanotecnologias no sentido amplo, as oriundas das tecnologias clássicas de microfabricação, e acabaram por sucumbir. As nanotecnologias, atualmente, não estão associadas à esperança de uma indústria mais econômica com os recursos do planeta, mas, ao contrário, a temores: não seriam tóxicas? Não poderiam fugir ao nosso controle? Voltaremos a essas questões no Capítulo 6. Como chegamos a esse ponto? Como passamos daquela bela meta ecológica à desconfiança? A análise do surgimento do que agora se convencionou chamar de "bolha nano" esclarece um pouco a inversão dos valores associados às nanotecnologias.

Recuperação política

Era para tudo ter corrido bem. Estamos no início da aventura da nanotecnologia, nos anos 1980. Alguns pesquisadores, num grupo do qual faço parte, imaginam moléculas capazes de exercer funções eletrônicas, desbravando dessa forma o campo da eletrônica molecular, liderada por Ari Aviram. Outros exploram essa fantástica ferramenta que é o microscópio de tunelamento, inventado em 1981, capaz de "enxergar" átomos e moléculas, e, sobretudo, de manipulá-los um a um, como foi descoberto em 1989. Lançam os primeiros experimentos realizados diretamente em uma única molécula. Todavia, esses experimentos não são muito difundidos, e a comunidade científica mostra-se o mais das vezes cética com relação às potencialidades do microscópio de tunelamento, sobretudo na Europa. A nanotecnologia permanece confidencial. Em 1995, apenas cinco equipes dominam a manipulação em escala atômica, três nos Estados Unidos, uma na Europa e outra no Japão. Tenho a sorte, depois de trabalhar com Ari Aviram, de fazer parte de uma dessas equipes pioneiras, a de Jim Gimzewski, do laboratório IBM em Zurique, que procura manipular moléculas cada vez maiores com um microscópio de tunelamento. Embora não sejamos muitos, progredimos e descobrimos, às vezes um pouco por acaso, curiosos fenômenos, que descreveremos nos Capítulos 3 e 4. A pesquisa deveria ter seguido seu curso, mas não foi o que aconteceu.

Em vez disso, outro processo estabeleceu-se em meados dos anos 1990. Não pertencia mais à esfera da pesquisa científica, mas da política. Tudo partiu dos Estados Unidos, onde grupos de pressão convenceram o Congresso e a administração Clinton a lançar um grandioso programa intitulado NNI (National Nanotechnology Initiative). Investiguemos a gênese desse programa para compreender quando e por que a nanotecnologia bifurcou-se, afastando-se de seu objeto inicial (a manipulação dos átomos) e de seu projeto original (a ecotecnologia), para tomar um caminho totalmente diferente na NNI, transformar-se em "nanotecnologias" e ser tragada pela tecnosfera norte-americana e depois pela mundial.

Em junho de 1992, a ecotecnologia já estava de vento em popa. Um senador do Tennessee, Albert Gore, retornou da II Cúpula da Terra, realizada no Rio de Janeiro, e sua ânsia ecológica vibrava tanto com isso que solicitou uma audiência no Senado, com os melhores especialistas norte-americanos sobre o tema das "novas tecnologias para um desenvolvimento sustentável". Entre as pessoas ouvidas estava Eric Drexler. Seu livro renovara o interesse pelo assunto. Na verdade, na data de sua publicação, em 1986, a manipulação de átomos, que permitiria a realização de nanocomputadores e outras nanomáquinas, não passava de uma possibilidade hipotética contestada por diversos cientistas. Porém, em 1989, o mundo descobria que o microscópio de tunelamento podia deslocar átomos à vontade — isso conferiu credibilidade a Eric Drexler e à sua obra. Em 26 de junho de 1992, portanto, ele foi convidado a pronunciar-se perante a comissão de senadores americanos reunida por Al Gore. Sua exposição foi incrivelmente sóbria. Declarou que o controle, molécula por molécula, da construção de uma máquina pode se tornar uma tecnologia mais limpa e eficiente que todas as outras conhecidas. Usou astuciosamente o nome de Richard Feynman, Prêmio Nobel de Física, para dar um importante aval científico a esse projeto. E, para ancorá-lo na história, exumou um discurso pronunciado em 1959, em que o ilustre físico evocava a fabricação em escala nanométrica. Enfim, para provocar o orgulho nacional e estimular a concorrência, assinalou, muito a propósito, que os japoneses haviam liberado uma vultosa verba para a manipulação de átomos.

De acordo com as atas dessa audiência, Al Gore aliou-se ao projeto descrito por Eric Drexler durante a sessão de perguntas. Embora tivesse em mente apenas a miniaturização da eletrônica, em poucos minutos apoiou aquela nanotecnologia capaz de elaborar "máquinas moleculares" diretamente a partir de átomos e moléculas. Como consequência desse episódio, foi criado um grupo de pressão, defensor do desenvolvimento sustentável das tecnologias, no qual Eric Drexler iria desempenhar o papel de um Júlio Verne moderno, sobressaindo na previsão tecnológica. Mais tarde ele iria fundar sua própria empresa de prospectiva, o Foresight Institute, sediada na Califórnia.

Nesse ínterim, como Eric Drexler afirmara, o governo japonês lançara um programa de pesquisa para também ter acesso à manipulação dos átomos, garantindo, ao mesmo tempo, o futuro de sua indústria microeletrônica. O objetivo era não se deixar ultrapassar pelos americanos! O resultado não demorou a aparecer. Um pesquisador japonês, Masakura Aono, trabalhando em Riken, um laboratório público, realizava pesquisas sobre a miniaturização-limite de circuitos eletrônicos e procurava confeccionar circuitos em escala atômica. Conseguiu desenvolver uma gravura, átomo por átomo, na superfície de silício com um microscópio de tunelamento. Os japoneses e americanos agora estavam empatados.

Voltemos à política. Eleito presidente em novembro de 1992, Bill Clinton confiou a responsabilidade pelas novas tecnologias a seu vice-presidente, Al Gore. Os Estados Unidos foram então obrigados a superar diversos desafios. O fim da Guerra Fria modificou as prioridades da pesquisa norte-americana, que foi obrigada a se adaptar à nova concorrência mundial. Não se tratava mais apenas de defender a pesquisa militar, mas de fortalecer os programas de pesquisa e desenvolvimento referentes aos bens de consumo civis. A excelente saúde das indústrias eletrônicas japonesas e coreanas dava calafrios nos industriais americanos. Para estimular a pesquisa, era indispensável dotar as universidades, cujos equipamentos muitas vezes eram obsoletos. Al Gore foi encarregado desse pesado canteiro de obras que pretendia reorganizar a pesquisa científica em seu país, nem mais nem menos, o que exigiria dinheiro, muito dinheiro. Inspirando-se no grandioso programa científico encomendado pelo presidente Roosevelt no fim da Segunda Guerra Mundial, entregou suas conclusões em agosto de 1994, num relatório intitulado *Science in the National Interest*.

Por acaso Al Gore defendia o projeto de ecotecnologia que tanto o entusiasmara dois anos antes? Desafortunadamente, não havia vestígio algum de desenvolvimento sustentável nesse relatório, ou pouquíssimo... O interesse inicial do vice-presidente pela ecologia teria se perdido no caminho. Em vez de defender a pesquisa sobre manipulações de átomos e moléculas, capazes de promover uma indústria menos agressiva ao meio ambiente no futuro, o relatório proclamava que as nanotecnologias eram estratégicas para o desenvolvimento americano! Elas tornaram-se repentinamente cruciais, não para o desenvolvimento sustentável do planeta, mas para o futuro imediato da microeletrônica, da indústria química e da indústria farmacêutica. O que acontecera então naqueles poucos anos?

Diante da importância do que estava em jogo na reorganização da pesquisa americana — sem falar na verba envolvida —, um lobby industrial insinuou-se por essa fresta e influenciou o teor do relatório. O grupo de pressão "pró-desenvolvimento sustentável", que gravitava em torno de Al Gore e no qual Eric Drexler ocupava posição de destaque, foi obrigado a ceder diante desse concorrente. Em dois anos, a aura de Eric Drexler empalideceu a olhos vistos. Foi atacado por um grande número de cientistas, que criticavam — não sem razão — a ausência de base científica em seus trabalhos. Alguns jornais passaram inclusive a compará-lo com um guru à frente de uma seita, o Foresight Institute. Pouco a pouco perdeu influência e credibilidade.

O lobby industrial descobriu seu paladino na pessoa de Mihail Roco. Ex-professor de mecânica, Roco foi nomeado em 1990 para a direção da Divisão de Engenharia da National Science Foundation, NSF. Em 1995, lançou um programa de pesquisa sobre as nanopartículas presentes nos materiais. Para isso, pediu e obteve sinal verde do diretor da NSF, Neal Lane, professor da Universidade Rice, no Texas, que seria nomeado consultor científico do presidente Bill Clinton em 1998. Mihail Roco era um universitário ponderado e tenaz, que, durante cinco anos, iria lutar para estruturar as nanotecnologias norte-americanas. Para ele, os projetos de fábricas moleculares de Eric Drexler eram elucubrações, e a nanotecnologia, no sentido de tecnologia molecular, não tinha futuro. Ele fazia parte daqueles persuadidos de que a abordagem tecnológica "de cima para baixo", isto é, o caminho da miniaturização, era o único válido. Para ele, as nanotecnologias englobariam todas as tecnologias de miniaturização que de alguma forma se reportassem à escala do nanometro.

No início de 1997, Tom Kalil, consultor do presidente Clinton para assuntos econômicos, entrou em contato com Mihail Roco. Leu o relatório de Al Gore e queria avaliar as eventuais repercussões das nanotecnologias. Com a ajuda de Tom Kalil, Roco implantou então um grupo de trabalho que, ao longo de dois anos de pesquisa, resultaria na criação da NNI. Eles precisaram convencer uma dúzia de agências encarregadas do financiamento das nanotecnologias nos Estados Unidos a redigir um projeto que agradasse a todos e, acima de tudo, evitasse as críticas dos senadores que queriam financiar outros programas.

Alguns se mostraram de fato pouco entusiasmados diante da ideia de abrir os cofres do país para essas nanotecnologias, ainda que elas fossem consideradas estratégicas. Para convencer os senadores reticentes e lhes fazer vislumbrar uma tecnologia molecular radicalmente diferente de tudo que existia até aquele momento, Neal Lane recorreu ao livro de Eric Drexler. Mas Roco continuou a trabalhar para que as máquinas moleculares *à la* Drexler desaparecessem da NNI. O lobby industrial trabalhou bem: após uma última reunião em que estavam presentes Mihail Roco, Neal Lane e Tom Kalil, a NNI foi lançada, em 11 de março de 1999.

Seu orçamento inicial era de 300 milhões de dólares para o ano 2000, mas alguns senadores estavam preocupados. Temiam que, com tão pouco dinheiro, as descobertas norte-americanas sobre as nanotecnologias corressem o risco de ser utilizadas pelo Japão e pela Europa, que poderiam desenvolver novas tecnologias mais rapidamente que os Estados Unidos. Ora, a competição era acirrada: ninguém queria ser ultrapassado! Finalmente, o orçamento da NNI aumentou com o passar dos anos, atingindo 970 milhões de dólares em 2005. A NNI resistiria às mudanças políticas em Washington. A proposta orçamentária de 2008, apresentada pelo presidente George W. Bush, subiu, assim, para 1 bilhão e 447 milhões de dólares. Não resta dúvida de que o abandono do tema do desenvolvimento sustentável na NNI acabou sendo uma sorte para a salvaguarda do programa, considerando o interesse que o presidente Bush dedica a essa questão...

O fim provisório do desenvolvimento industrial sustentável

Em 22 de junho de 1999, pouco tempo depois do lançamento da NNI, a Câmara dos Representantes mostrou interesse por suas finanças e organizou uma nova audiência, na qual destacou-se Richard Smalley, professor de química na Universidade Rice, no Texas. Aureolado com o prestígio do Prêmio Nobel de Química que acabara de receber em 1996, pela descoberta dos fulerenos, Smalley iria conquistar um espaço tal que um terceiro grupo de pressão formou-se em torno dele. Para as necessidades da causa NNI, esse Prêmio Nobel de Química transformou-se em Prêmio Nobel de Nanotecnologias e tornou-se a ponta de lança de uma parcela da comunidade dos químicos. Smalley era astucioso. Em todas as suas intervenções junto à Câmara dos Representantes, entre junho de 1999 e abril de 2002, tomou o cuidado de escolher problemas importantes e bem conhecidos do grande público, como a luta contra o câncer ou os recursos energéticos, para associá-los aos nanomateriais, e logo às nanotecnologias. Usando sua aura de nobelizado, acentuou a tendência, esboçada por Mihail Roco, que consiste em impingir uma grande parte da ciência dos materiais como nanotecnologia. Ao proceder dessa forma, conseguiu beneficiar todos os pesquisadores americanos em química e ciências dos materiais com verbas destinadas às nanotecnologias.

De audiência em comissão, de comissão em programação, a base científica da NNI viu-se então definitivamente amputada do belo projeto inicial de desenvolvimento sustentável de Al Gore. A NNI cobre agora toda a ciência dos materiais, sem distinção, a microeletrônica, os novos combustíveis e até as biotecnologias, redefinindo as nanotecnologias — tão amplamente desdobradas que abrem um fosso entre técnicas e domínios bastante diversos. Em 2003, embora Eric Drexler estivesse fora do jogo, Richard

Smalley pediu-lhe, por meio de intermitentes artigos na imprensa, que parasse com suas elucubrações moleculares.

O planeta torna-se nano

O presidente Bill Clinton anunciou oficialmente a criação do programa NNI em 21 de janeiro de 2000, na Universidade da Califórnia. Um grande símbolo! Foi ali que Richard Feynman, em 1959, pronunciou o discurso a que Eric Drexler aludira em sua intervenção perante a comissão de senadores supervisionada por Al Gore. Mais tarde esse discurso seria erroneamente considerado o ponto de partida das nanotecnologias. Com essa recuperação política do prestígio científico de Feynman, o ciclo estava fechado.

À frente da classificação dos temas científicos da NNI figuram agora os pesos-pesados que são a microeletrônica, a ciência dos materiais e as biotecnologias (rebatizadas, por conveniência, como nanobiotecnologias). A manipulação atômica, a eletrônica molecular e os primeiros protótipos de máquinas moleculares acham-se relegados ao final da classificação.

Nenhum país resistirá a essa definição norte-americana das nanotecnologias. A NNI é o símbolo do soerguimento dos Estados Unidos, e, em todos os continentes, soa o alarme: "E se os americanos repetissem o feito da 'Caminhada na Lua', fincando desta vez a bandeira da tecnologia no infinitamente pequeno?" A Comissão Europeia, em Bruxelas, e todos os países europeus vasculharam então seus arquivos para verificar se por acaso não haveria por ali alguns projetos dos anos 1990 com ar de "nanotecnologia" tal como definida pela NNI, para não ficar com cara de tacho. Naturalmente, na corrida para a miniaturização dos chips eletrônicos, eles estavam do lado dos materiais e da microeletrônica.

A honra da Europa estava salva. A partir desse momento, essas pesquisas seriam implantadas.

Os espertíssimos pesquisadores europeus — e de muitas outras regiões do mundo — aproveitaram a oportunidade para obter verbas para suas atividades. Alcançam o programa NNI, evitando perguntar-se o que são efetivamente as nanotecnologias — para que servem? Se um laboratório de microeletrônica ou de microtecnologia na Europa temia pelo futuro de seus financiamentos, bastava-lhe autoproclamar-se Centro Europeu de Nanotecnologia para tudo se arranjar. Se um laboratório de química na Alemanha, na Suíça ou na França ficasse um pouco para trás, o prefixo "nano" o recolocaria na corrida. Se um laboratório de ciência dos materiais precisasse de um novo equipamento, obteria créditos apresentando um projeto de "nanopesquisas".

Na França, um grupo de especialistas reunido pelo Observatório Francês de Tecnologias Avançadas (Ofta) trabalhou, entre 1999 e 2002, analisando o que eram efetivamente as nanotecnologias. Tentou redefinir as bases de um projeto em nanotecnologia fora dos lobbies da microeletrônica e da ciência dos materiais. Mas já era tarde demais. O efeito foi igual ao produzido nos Estados Unidos. Criou-se uma imensa comunidade científica (para obter financiamentos, é melhor ser numeroso) que se autoproclamou "nano" e que *de facto* determinou a definição de novo campo científico. Maneira esquisita de dar definições! Os sucessivos programas nacionais franceses no âmbito das nanotecnologias eram então calcados nas grandes especializações norte-americanas: o rótulo "miniaturização" para a indústria da microeletrônica, o rótulo "nanomateriais" para a comunidade dos químicos franceses e o rótulo "biotecnologia". Essas especializações tornaram-se mundiais.

A Comissão Europeia agiria da mesma forma em relação a seu grandioso programa NMP (Nanotecnologias, Materiais e Procedimentos), lançado em 2002. Ele cobria todo o campo dos materiais, e nenhuma linha era concedida à manipulação dos átomos e moléculas. Por outro lado, mencionava o desenvolvimento sustentável e reconhecia a possibilidade de as nanotecnologias um dia se tornarem uma ecotecnologia. A microeletrônica também passou a contar com um importante programa chamado ITT (da sigla em inglês para tecnologias da sociedade de informação) desde o início dos anos 1990. Ele privilegiava a tendência "miniaturização" da indústria da eletrônica, reservando um espaço mínimo para as pesquisas de longo prazo, algumas das quais pertencentes à tendência de "monumentalização". No fim de 2006, um novo programa ICT (sigla, em inglês, de Tecnologias da Informação e da Comunicação) substituiu o ITT, mencionando, pela primeira vez num programa da Comissão Europeia, a manipulação atômica e a utilização de uma molécula para realizar uma função eletrônica.

O que tirar desse episódio? Que a concorrência econômica e o interesse de grupos rivais são muitas vezes mais fortes que a aventura científica — que geralmente repousa num projeto um tanto utópico. A fim de proteger e justificar essa recuperação política, as academias de ciências dos diferentes países deram uma definição bastante elástica das nanotecnologias. "A nanotecnologia consiste na produção e aplicação de estruturas, dispositivos e sistemas controlando a forma e o tamanho na escala nanométrica", sugerem por exemplo a Royal Society e a Royal Academy of Engineering na Grã-Bretanha. Segundo outras definições, as nanotecnologias começam quando fenômenos físicos novos aparecem em amostras de tamanho inferior a 100 nanometros em pelo menos uma direção. Assim caminha o progresso científico. Para ampliar o estoque de conhecimentos, é preciso recursos financeiros, e o retorno do investimento, seja ele técnico ou cultural (expansão do conhecimento científico), jamais é garantido. Daí a impressão de uma progressão não racional, quase alquímica, de um projeto de tecnociência no sentido de conciliar todas as partes em litígio.

2.

MINIATURIZAR SEMPRE E CADA VEZ MAIS

Tudo teria começado em 29 de dezembro de 1959. Naquela noite, após o jantar, Richard Feynman, que receberia o Prêmio Nobel de Física em 1965 por seus trabalhos em física teórica, apresentou-se perante a elite dos físicos norte-americanos reunida em congresso. Aos 41 anos, já gozava de imensa notoriedade, encarnando aos olhos de todos um espírito científico fora do comum, criativo e não conformista. Mais uma vez, iria surpreender o auditório. Como um pregador do alto do púlpito, começou seu discurso intitulado "There's plenty of room at the bottom" ("Há muito espaço lá embaixo").[1]

Um discurso fabuloso

Hoje esse discurso é considerado palavra de evangelho e qualificado, erradamente, de fundador, enquanto Feynman é consagrado Pai das Nanotecnologias. Guiados pelas boas-novas do mestre, os físicos teriam se lançado na exploração do mundo "lá embaixo", dando assim origem às nanotecnologias. A realidade é outra, pois, se esse discurso precedeu os sucessos das nanotecnologias, não os engendrou, sequer influenciou. Apesar de todo o prestígio de que Feynman já gozava, seu discurso, naquela noite, não despertou entusiasmo. Paul Shlichta, um físico americano presente ao jantar, testemunha: "A reação geral da sala era de divertimento. A maioria das pessoas achava que ele estava tentando ser original."[2] Nos anos seguintes, suas afirmações não tiveram maior impacto, caindo no esquecimento. Os físicos europeus Gerd Binnig e Heinrich Rohrer, inventores do microscópio de tunelamento, bem como o físico americano Don Eigler, primeiro a haver escrito com átomos individuais na superfície de um metal, foram interrogados sobre a influência desse discurso em seus trabalhos. Responderam sem ambiguidade: esse discurso não teve influência alguma, e por todos os motivos: eles não o conheciam!

Feynman, falecido em 1988, assistiu ao surgimento do microscópio de tunelamento, bem como aos progressos da miniaturização em microeletrônica e micromecânica. Mas nunca se atribuiu qualquer paternidade dessas especializações. Da mesma forma, nunca associou seu discurso de 1959 a esses progressos. Abordava com frequência a física dos computadores em suas aulas no Instituto de Tecnologia da Califórnia, mas jamais trabalhou, nem de longe, com problemas relacionados às nanotecnologias. Apenas uma vez na vida voltou a evocar os temas de "There's plenty of room at the bottom", num artigo publicado em 1983.

Esse discurso de Feynman só se tornou conhecido a partir dos anos 1990, quando Eric Drexler exumou-o a fim de utilizá-lo como apoio para suas próprias ideias. Mas voltemos ao que Feynman disse naquela noite.

"Quero descrever um terreno pouco explorado, em que ainda resta muito a fazer. ... Haverá enormes aplicações técnicas. ... Estou falando da manipulação e do controle das coisas em pequena escala. ... Existe um mundo incrivelmente pequeno, situado 'lá embaixo'."

Tudo bem que ele mereça todas as honrarias por ter percebido os desafios da miniaturização e interpelado os pesquisadores quanto ao interesse da exploração do mundo muito pequeno. Isso faz dele um visionário? Decerto ele se questionou sobre "o que aconteceria se pudéssemos combinar os átomos um a um, à vontade". Mas não trouxe solução nem imaginou instrumento capaz de fazê-lo. Evocava com isso a mais recente precisão de fabricação, e não o tamanho definitivo dos próprios dispositivos. Feynman realiza, nesse discurso, um exercício de prospecção. Observa como o procedimento do físico, que consiste em empurrar os limites, em geral é bem-sucedido. E cita o exemplo de dois físicos: um procurou alcançar temperaturas cada vez mais baixas; o outro, pressões cada vez mais elevadas. Ao fazer isso, os dois abriram novos campos de pesquisa. Por que, sugere Feynman, não impulsionar radicalmente a miniaturização dos dispositivos e das máquinas? Embora vislumbre a possibilidade de estocar uma informação com a ajuda de cerca de 100 átomos, hoje sabemos que apenas um átomo é suficiente.

Feynman não previu o advento da nanotecnologia, como muitas vezes se escreve. Tampouco foi o primeiro a interrogar o limite da miniaturização e da exploração do mundo "lá embaixo". Uma olhadela para o passado mostra que não foi o primeiro a se interessar por esse mundo "lá embaixo"... "Jovem, enfiei na cabeça ser inventor, um Newton. ... O mundo dos detalhes ainda está para ser decifrado; eis esse outro mundo, o mais importante de todos, o qual me gabo de haver descoberto", já dizia Napoleão ao matemático Gaspard Monge, a bordo da fragata *La Muiron*, na volta da expedição ao Egito em 1799. Feynman é um físico fora de série, mas ele sucede a gerações de físicos — e de não físicos — que se interrogaram sobre o mundo "lá embaixo" ou sobre a miniaturização, mesmo não tendo sido seus implantadores.

Os gigantes da miniaturização

Quando situar os primórdios da miniaturização? Os cientistas gregos construíram magníficos relógios astronômicos cujas engrenagens eram constituídas de pequenas rodas dentadas: essas representações em miniatura do sistema solar são maravilhas de tecnologia. Mais tarde, os progressos nos mecanismos da relojoaria iriam desempenhar papel essencial na miniaturização dos dispositivos mecânicos que equipariam os autômatos, depois os robôs. Mas a miniaturização das máquinas não é unicamente uma história de técnicas. Ela é indissociável do progresso científico.

Em um dia de 1764, John Anderson, professor de física da Universidade de Glasgow, desejava expor a seus alunos o funcionamento das "bombas de fogo" ou "máquinas atmosféricas", que serviam para bombear a água dos poços das minas de carvão na Inglaterra. Eram máquinas grandes, volumosas demais para serem levadas à sala de aula. Ele mandou construir uma versão com menos de um metro de altura. Porém, para pasmo geral, aquela máquina miniatura não funcionava! Ele então recorreu a uma oficina de reparos de instrumentos científicos, onde trabalhava James Watt. Este compreendeu a origem do problema: naquela versão miniaturizada, a pressão atmosférica era insuficiente para vencer o atrito do pistão contra a parede. Watt então teve a ideia de utilizar a pressão do vapor d'água no lugar da pressão atmosférica para fazer o pistão descer. Inventou, assim, a máquina a vapor e abriu caminho para a locomoção a motor, pois, reduzido, o motor a vapor pôde ser embarcado num veículo de rodas. Inaugurou também uma nova era científica, bastante fecunda para as ciências do calor, que veriam nascer a termodinâmica.

Durante suas pesquisas, os físicos viram-se muitas vezes confrontados com problemas de medida, necessitando de instrumentos cada vez mais precisos. Em certos casos, a miniaturização resolveu a dificuldade. James Prescott Joule (1818-89), por exemplo, investigou como medir uma elevação ínfima de temperatura numa tina de água. Era cervejeiro como o pai, em Manchester, na Inglaterra, e dedicava seu tempo livre a estudar a questão da equivalência entre o trabalho e o calor. É sabido que o trabalho pode transformar-se em calor — o atrito de um objeto sobre outro gera calor —, e, reciprocamente, que o calor pode transformar-se em trabalho (efeito que Watt explorou em sua máquina a vapor). Joule quis determinar a quantidade exata de calor gerado por um dado trabalho. Montou o seguinte experimento: fez cair pesos que arrastavam pás mergulhadas numa tina de água. Elas começavam a girar, o que aquecia o líquido. Mas era preciso subir novamente os pesos 20 vezes no intervalo de meia hora para aquecer a água em apenas meio grau. Para medir essa fraca elevação de temperatura, Joule teve necessidade de um termômetro mais preciso do que os de que dispunha. Fabricou então um termômetro miniaturizado, que, em virtude disso, tornou-se ultrapreciso. Funcionava como um termômetro qualquer: a dilatação do álcool (ou do mercúrio) num tubo de vidro é proporcional à elevação de temperatura. Uma vez escalonada a dilatação e graduado o tubo, o nível do álcool no tubo indica a temperatura. Joule mandou fabricar um tubo de vidro bem fino, que encheu com álcool. Infelizmente, seu diâmetro não era constante. A expansão do álcool no tubo não era proporcional à temperatura, o que falseou as medidas. Joule observou essas irregularidades com a ajuda de um microscópio óptico correndo ao longo do tubo, e, para compensá-las, ajustou a distância entre as graduações.

Para gravar as graduações no tubo, cria uma técnica bastante engenhosa: depositou cera de abelha no tubo e marcou as graduações com uma faca extremamente pontiaguda. Mergulhou então o tubo numa solução ácida. Esta atacou o vidro ali onde ele não estava protegido pela cera. Quando ele retirou a cera, o tubo estava transformado em termômetro de alta precisão: as graduações estavam espacejadas com uma precisão de 6 micrometros. Joule acabava de inventar a técnica de uso de máscara e gravura ainda utilizada em nossos dias, na microeletrônica. Em 1850, graças a essa técnica e à sua perseverança, ele forneceu a primeira medida da equivalência trabalho-calor.

Do elétron à eletrônica

Nem sempre é fácil estudar os fenômenos naturais. Às vezes eles são erráticos, ou bem distantes de tudo que conhecemos. A fim de minimizar esses inconvenientes, o cientista tenta reproduzi-los em seu laboratório: assim, pode debruçar-se sobre eles à vontade. Isso se concretiza em geral mediante uma "miniaturização" do fenômeno. Tomemos o exemplo que provocou o advento da física das partículas e que estará na origem da eletrônica e depois da microeletrônica.

No século XVIII, o abade Nollet, físico francês, e o americano Benjamin Franklin estudaram os raios atmosféricos e se perguntaram como confiná-los numa "caixa" qualquer a fim de examiná-los em seu laboratório tão confortavelmente quanto num salão burguês. Esclareçamos que o estudo dos raios em condições reais é muito perigoso, e que alguns de seus colegas, realizando experimentos durante tempestades, morreram eletrocutados. Heinrich Geissler, fabricante alemão de instrumentos científicos, deu uma resposta para isso em 1857, ao reproduzir verdadeiros raios miniaturas entre dois eletrodos situados num tubo de vidro contendo gás. Em 1874, o físico inglês William Crookes aperfeiçoou esse tubo para estudar os raios miniaturas inclusive na ausência de gás. Os físicos da época interrogavam-se então sobre a natureza dos raios produzidos num tubo de Crookes: seria uma radiação eletromagnética, como sugeriam os físicos alemães, ou se tratava de partículas, como pensavam os físicos ingleses? O britânico Joseph John Thomson deu a resposta: graças a esses tubos de Crookes, ligeiramente modificados, ele descobriu o elétron em 1898.

Com a descoberta do elétron, inaugurou-se no século XX a era da eletrônica. Num impulso sem precedente das técnicas de miniaturização, ela deu surgimento à microeletrônica. Mais uma vez, tudo parte de uma dificuldade prática. Em seus primórdios o telefone era inteiramente manual: numa central telefônica, cada operadora devia conectar e desconectar diversos plugues elétricos para pôr dois interlocutores em contato. Ora, em todas as grandes cidades do mundo, tanto em Paris como em Nova York, aumentava incrivelmente o número de assinantes de telefones. Para responder à demanda, a única solução que restava era automatizar as conexões nas centrais telefônicas. Como fazer? Os engenheiros recorreram inicialmente a pequenos relés eletromecânicos, depois aos tubos a vácuo, os famosos diodos, triodos e pentodos dos rádios de nossos bisavós. Esses descendentes dos tubos de Crookes podiam ser utilizados como interruptores controlados eletricamente. Mas eram volumosos e geravam muito calor. Nasceu então uma ideia: substituir esses tubos de vidro por alguma coisa sólida e, se possível, menor. Trabalhando para os laboratórios da Bell Telephone Company, nos Estados Unidos, John Bardeen, Walter Brattain e William Shockley passaram a se dedicar ao problema no início dos anos 1940. Em dezembro de 1947, criam um dispositivo que utilizava um pequeno cristal semicondutor e a que denominaram transistor. Como um triodo, um transistor pode amplificar um sinal elétrico. Mas é menor, e, o mais importante, não exige preaquecimento para funcionar.

Esses transistores iriam se tornar os componentes básicos de toda a eletrônica. Quando combinados, constituem funções lógicas e memórias, utilizadas em todos os circuitos eletrônicos. Todavia, no início, era preciso recortá-los um depois do outro em um cristal semicondutor, depois conectá-los um a um, soldando a mão os fios elétricos de conexão: uma operação manual fastidiosa, realizada com a ajuda do microscópio óptico, e fonte de vários defeitos! Jack Kilby, engenheiro da Texas Instruments, resolveu o problema inventando a primeira versão do circuito integrado em 1958. Esse circuito eletrônico chama-se "integrado" porque integra diversos componentes eletrônicos com seus fios de interconexão na superfície de um mesmo suporte. Curiosamente, os colegas de Kilby tinham tido a ideia de empilhar os transistores verticalmente, ao passo que Kilby demonstrou que cada componente podia ser realizado horizontalmente na superfície de um mesmo material. Sobre pequenas plaquetas independentes de germânio, eles conseguiam fabricar um transistor, depois três resistências e um condensador, que interconectou com finos fios de ouro, ainda soldados a mão. Alguns meses mais tarde, Robert Noyce, da empresa Fairchild Semiconductor, conseguiu fabricar todos esses componentes na superfície de uma única plaqueta de silício. Não havia mais necessidade de fios de interconexão entre esses componentes, uma vez que eles eram fabricados na superfície da plaqueta de silício. O primeiro circuito integrado havia nascido (o "chip" eletrônico). Mais alguns meses, e seria lançada a produção em massa desses circuitos de silício.

Gordon Moore se intromete

A tecnologia dos circuitos integrados respondia à necessidade de automatizar o conjunto dos componentes eletrônicos num mesmo suporte. No início, portanto, a questão não era a miniaturização, mas logo a ideia iria se impor, por exemplo, no caso da eletrônica embarcada em mísseis. Essa eletrônica controla a estabilidade dos mísseis em toda sua trajetória, graças a um giroscópio que mede sua inclinação e a sistemas que regulam a ejeção dos gases de combustão. Os engenheiros eletrônicos, aliados a um exército de físicos, também aproveitaram o programa *Apollo* de conquista do espaço para progredir na miniaturização dos dispositivos eletrônicos. Nos mísseis e foguetes, os ganhos de espaço e peso são de interesse crucial. Além disso, quanto menores os transistores, mais rápidos são eles e, por conseguinte, mais eficientes. Mais numerosos sobre um mesmo chip, eles aumentam a capacidade de tratamento do circuito. Assim, a densidade dos transistores sobre chips não pararia de aumentar a partir dos anos 1960, obedecendo a uma lei empírica estabelecida por Gordon Moore em 1965.

Gordon Moore era um jovem bacharel da Universidade da Califórnia, que havia trabalhado com William Shockley, coinventor do transistor, antes de se juntar à empresa Fairchild Semiconductor. Em abril de 1965, o redator-chefe da revista americana *Electronics* convidara-o para redigir um artigo sobre o futuro da eletrônica.[3] Na época, o circuito integrado mais complexo continha cerca de 30 componentes, entre os quais alguns transistores. Era pouco, mas Gordon Moore confiava nessa tecnologia. Divertira-se calculando que, depois da invenção do circuito integrado, o número de componentes passara de quatro para oito, depois para 16 no ano seguinte etc. Observou que esse número praticamente duplicava a cada ano. Longe de querer estabelecer uma lei, desejava apenas transmitir a mensagem de que os componentes iriam se tornar cada vez menores, os circuitos mais complexos e mais baratos. De fato, uma incrível corrida à miniaturização estava começando, mas ele ainda não sabia disso.

O professor Carver Mead, do Instituto Tecnológico da Califórnia, denominou "lei de Moore" o que no início não passava de uma simples observação empírica. Em 1975, Gordon Moore retocou "sua" lei observando que a densidade dos componentes na superfície de um circuito integrado duplicava a cada dois anos. Nesse ínterim, associara-se a Robert Noyce, um dos inventores do circuito integrado, e ambos criaram, em julho de 1968, a empresa Intel Corporation, que em 1971 produziu o primeiro microprocessador, cujo chip continha 2.250 transistores.[4] Desde então, a lei de Moore previu corretamente a evolução do número de transistores sobre um chip, alcançando mais de 250 milhões em 2007. Uma progressão fantástica!

Não apenas os transistores são menores, eles funcionam melhor. Esquematicamente, quando o tamanho é dividido por dois, a velocidade dobra, pois os elétrons têm menos distância a percorrer. A potência dissipada por transistor diminui. Como a densidade de transistores é multiplicada por quatro, a potência total dissipada permanece a mesma. Em contrapartida, a potência de cálculo é multiplicada por oito. Ora, em 40 anos, o tamanho não foi dividido por dois, como no exemplo que acabamos de dar, mas por mais de 100! As consequências são flagrantes: o primeiro computador pesava 50 toneladas e consumia 25 quilowatts para trabalhar uma mera centena de instruções por segundo, enquanto hoje qualquer microprocessador pesa apenas poucos gramas, trabalha 100 milhões de instruções por segundo e gasta mil vezes menos energia.

Quanto progresso em tão pouco tempo! E quantas inovações! Contudo, essas inovações não modificaram o princípio de funcionamento dos transistores nem o da fabricação dos circuitos integrados. Os transistores de hoje continuam a ser confeccionados obedecendo a um procedimento de uso de máscara e gravura, batizado litografia, o mesmo que Joule utilizara para graduar seu termômetro. Mas a luz substituiu a faca que ele empregava para marcar a cera. Na técnica da litografia óptica (ou fotolitografia), a luz atravessa uma máscara e sensibiliza uma resina fotossensível depositada numa placa de silício. Como a máscara exerce a função de silhueta, a luz reproduz na resina os desenhos da máscara, que representam o desenho do circuito eletrônico a ser integrado com seus transistores, todos os outros componentes e as pistas metálicas de interconexão.

A menos que a máscara esteja em contato com a resina, ela projeta desenhos maiores do que são. Ora, a intenção é fazer transistores menores. Utiliza-se então uma série de lentes que focalizam a luz, algo como um vidro de relógio de pulso concentrando os raios solares. Essas lentes reduzem o tamanho do desenho projetado. Resta apenas dissolver as zonas de resina marcadas para deixar o silício a nu exatamente segundo os contornos dos componentes. O silício é então gravado no ácido, como na época de Joule. Mas a técnica ganhou em precisão. Com a lâmina de sua faca, Joule conseguia traçar riscos a cada 50 micrometros, ou seja, um risco a cada 50 mil nanometros. No fim dos anos 1960, a fotolitografia permitira fazer cinco vezes mais e desenhar transistores ocupando um quadrado de 10 mil nanometros de lado. Em 2006, a distância entre a entrada e a saída do transistor não mede mais que 90 nanometros: mais de 80 milhões de transistores sustêm-se numa superfície do tamanho de uma unha! Em 2007, os circuitos integrados utilizando transistores com 65 nanometros (distância entre a entrada e a saída) apareceram no mercado, e a produção de transistores de 45 nanometros já está anunciada. Esses transistores são 100 vezes menores que um glóbulo vermelho!

Uma agulha num campo de futebol

A fotolitografia desempenhou um papel-chave nessa vertiginosa miniaturização. De fato, assim como um pincel fino é necessário para pintar detalhes, convém, para obter uma gravura mais fina na superfície de um semicondutor, recorrer a uma luz cujo comprimento de onda seja mais curto. A resolução, isto é, a distância mínima entre dois pontos identificáveis num circuito, depende do comprimento de onda. Quanto mais curto, mais finos são os motivos reproduzidos e melhor sua resolução. Daí o interesse em diminuir o comprimento de onda da luz utilizada. Esta passou da luz visível (entre 400 e 800 nanometros) para o ultravioleta (350-450 nanometros), depois para o ultravioleta profundo (220-310 nanometros), para alcançar os 193 nanometros atuais. Para a próxima etapa (transistores de 45 nanometros), a fotolitografia em imersão poderia ser utilizada. É uma astúcia que consiste em colocar um líquido acima do silício. Vista de cima, a máscara parece ampliada. A água age como uma lente suplementar, permitindo a utilização do mesmo comprimento de onda para obter transistores menores.

Porém, para a etapa seguinte (transistores com 32 nanometros), os engenheiros não sabem como proceder. Uma possibilidade seria diminuir novamente o comprimento de onda da luz. A fotolitografia enveredaria então pelo caminho do extremo ultravioleta, com comprimentos de onda de 13,5 nanometros. É preciso uma óptica sofisticada e bastante onerosa para fazer convergir essa luz para a superfície do semicondutor. Há também os raios X, muito interessantes, pois seu comprimento de onda é bem curto, da ordem do nanometro. Mas é tão curto que os raios X atravessam a matéria com facilidade: as máscaras tornam-se transparentes! Além disso, a óptica dos raios X é superdelicada de controlar.

Uma solução alternativa à luz e aos raios X poderia ser a dos feixes de elétrons, cujos comprimentos de onda são igualmente bem fracos. A litografia eletrônica é conhecida desde 1960, quando Gottfried Mollenstedt, da Universidade de Tübingen, na Alemanha, utilizou um feixe de elétrons semelhante àqueles que usamos nos microscópios eletrônicos de varredura, para sulcar riscos numa resina e conseguiu desenhar o logotipo da sua universidade em linhas com uma largura de 100 nanometros. O princípio é o mesmo no caso da litografia óptica: um polímero exposto a um feixe de elétrons transforma-se quimicamente. Essa transformação pode ser revelada com um solvente que atua sobre as partes expostas, deixando assim finíssimas depressões. Atualmente, a litografia eletrônica é empregada corriqueiramente para fabricar as máscaras de fotolitografia e, nos laboratórios de pesquisa, para confeccionar os menores transistores do mundo: a distância entre a entrada e a saída é de meros 20, 15 e até mesmo 9 nanometros! Seu tamanho sobre um chip é equivalente ao de uma agulha sobre um campo de futebol. Sua estrutura tende a se elevar acima do plano da superfície do semicondutor: esses transistores se parecem com pequenos cogumelos!

Os primeiros limites à miniaturização

Mas não basta conseguir fabricar transistores cada vez menores. Também é preciso que eles funcionem com certeza. À medida que seu número aumenta, aumenta também a probabilidade de que um deles falhe. Os engenheiros arregimentaram um exército de métodos e criaram um grande número de truques tecnológicos para acabar com todos os obstáculos encontrados nessa corrida à miniaturização.

Um problema, entre outros, referia-se às pistas de interconexão metálicas entre os transistores na superfície de um circuito integrado. Em nossos dias, o comprimento total dessas pistas pode alcançar 6 quilômetros por centímetro quadrado sobre um chip! À medida que a miniaturização progredia, essas pistas fabricadas em alumínio tornavam-se tão finas que os átomos de alumínio eram frequentemente carregados pelo fluxo de elétrons quando passava uma corrente elétrica. É o fenômeno da eletromigração. Como é difícil fabricar quilômetros de alumínio ultrapuro, esse fio contém obrigatoriamente impurezas e múltiplos grãos. Quando uma corrente elétrica o percorre, essas impurezas e esses grãos formam pequenas resistências, entre as quais aparece uma tensão elétrica. O campo elétrico daí decorrente pode tornar-se tão intenso que irá progressivamente deslocar os átomos de alumínio: a pista desaparece. Esse problema de eletromigração foi resolvido em 2001. O alumínio foi substituído por cobre, mais resistente à eletromigração e, além disso, melhor condutor elétrico. Graças a essa mudança de material (que exigiu 15 anos de pesquisa), os elétrons agora circulam muito mais rapidamente nos circuitos integrados.

Outro problema apresentou-se na fabricação dos transistores com 65 nanometros. Nessa dimensão, a camada de isolante depositada acima do transistor e que separa o eletrodo de comando do "canal" semicondutor (ligando a entrada e a saída do transistor) tem uma espessura de 1,2 nanometro. Logo, não comporta mais que cinco ou seis camadas de átomos. Ela não cumpre tão bem seu papel de isolante, e os elétrons correm o risco de passar do eletrodo de comando para o canal: o transistor "vai fugir". À medida que aumenta a intensidade da corrente de fuga, a resistência do isolante diminui, bem como o campo elétrico entre o eletrodo de comando e o canal. Ora, esse campo comanda a abertura ou o fechamento do canal. Torna-se então difícil controlar a passagem dos elétrons dentro do transistor.

Essa camada isolante é normalmente de silício (óxido de silício), um ótimo isolante quando sua espessura é suficiente. Para resolver esse problema da corrente de fuga, foi preciso substituir esse silício por materiais mais isolantes, óxidos à base de "terrasraras", entre eles o háfnio. Graças a essa substituição, a intensidade da corrente de fuga foi dividida por dez. Mas a menor modificação na escolha dos materiais do transistor acarreta outros efeitos em cascata. Por exemplo, esse novo isolante não era compatível com o metal do eletrodo, que foi preciso substituir por uma nova liga metálica.

Essa corrente de fuga é um fenômeno quântico, oriundo das propriedades quânticas dos elétrons. Presente nos transistores de 65 nanometros, ele constitui a primeira aparição incômoda das propriedades quânticas dos elétrons. Até então, os engenheiros não costumavam levar em conta a fabricação dos transistores. De agora em diante, o processo de miniaturização do transistor irá passar por um controle dos efeitos quânticos. Em contrapartida, esse controle permitirá a fabricação de novos dispositivos, medindo entre 10 e 100 nanometros, diferentes dos transistores, de onde emergirão outros fenômenos quânticos. Mas antes iremos abordar a difusão das técnicas de fabricação da microeletrônica em outros domínios que não a microeletrônica.

Contagiosa miniaturização

A inexorável miniaturização vai além da eletrônica. Diz respeito a outros setores — estimulando-os — como a mecânica. As máquinas-ferramentas destinadas a fabricar as peças torneadas, fresadas ou perfuradas atingiram seu limite em matéria de precisão. Com uma precisão de fabricação da ordem do micrometro, produzem belíssimas engenhocas mecânicas, mas parecia impossível reduzi-las ainda mais. Nos anos 1980, Richard S. Muller, da Universidade da Califórnia, trabalhava na otimização dos processos de fabricação a partir do óxido de silício, que serve de isolante na fabricação dos circuitos integrados. Familiarizado com procedimentos de fotolitografia, ele teve a ideia de utilizar essas técnicas para fabricar uma microrroda: sobre uma placa de silício coberta de óxido de silício, ele desenhou uma roda com a superfície de óxido, depois gravou a placa embaixo para soltá-la. Dessa ideia nasceu toda a micromecânica do silício: as técnicas de microeletrônica substituíram os procedimentos habituais de fabricação e permitiram reduzir as peças mecânicas. O tamanho passou de cerca de 100 micrometros para alguns micrometros, com uma precisão de fabricação que alcança alguns nanometros. Em seguida, essa micromecânica do silício deu origem aos "sistemas microeletromecânicos" (Mems), que associam elementos mecânicos (captadores ou acionadores) à eletrônica: ela serve para transmitir diretamente os sinais de detecção ou de comando aos elementos mecânicos. Da mesma forma que os transistores na indústria da microeletrônica, os Mems são produzidos em grande quantidade e a baixo custo.

Esses Mems reconstituem em pequena escala as peças e máquinas que existem em escala macroscópica: rodas, bombas, válvulas, molas, pinças, engrenagens de poucos micrometros, até um décimo de micrometro (100 nanometros), são fabricados. Esses mecanismos podem ser animados por micromotores cujas engrenagens têm o tamanho de um glóbulo vermelho. Os Mems estão nos cartuchos para impressoras a jato de tinta, nos microespelhos dos projetores de vídeo, nos acelerômetros dos controles de detecção de movimento dos videogames. Também se encontram nas câmeras fotográficas, de cinema, nos relógios, nos estimuladores cardíacos, e representam entre 20 e 40% do custo de um carro. São, por exemplo, sensores de pressão no circuito de climatização; sensores de força de frenagem; detectores do nível de combustível; sensores para airbags (que contêm até seis acelerômetros nos modelos top de linha).

Os Mems continuam em voga. Beneficiam-se permanentemente dos progressos das técnicas de litografia da irmã mais velha microeletrônica, e, nos laboratórios de pesquisa, realizam proezas. Por exemplo, são fabricadas vigas de silício com uma espessura de 100 nanometros, isto é, da espessura de um fio de cabelo cortado em mil, com um comprimento de 100 micrometros. Isso equivaleria, em nossa escala, a uma viga de um metro de comprimento por apenas um milímetro de espessura. No nosso mundo, isso é impossível.

Mas no mundo micrométrico existem vigas (ou minialavancas) desse tipo que não empenam. Em contrapartida, vibram em frequências muito elevadas. Essas vibrações são aproveitadas para pesar moléculas: quando uma molécula deposita-se na viga, a frequência de suas vibrações é alterada, e torna-se possível deduzir disso a massa da molécula. O objetivo não é medir essa massa (a massa das moléculas é conhecida), mas detectar a presença de moléculas. Essas vigas vibrantes conseguem revelar uma molécula entre um bilhão de outras.

As técnicas de fabricação microeletrônicas e os Mems também revolucionaram o setor da biologia. Dispositivos de análise bioquímica inéditos vieram à luz, cuja ponta de lança é constituída pelos chips ditos de DNA ou biochips. Sua fabricação combina etapas de fotolitografia sobre silício e o enxerto de hastes de DNA sobre essa superfície de silício. Atualmente, eles contêm até 300 mil hastes de DNA. Servem normalmente para detectar sequências de genoma a fim de rastrear doenças genéticas ou para reconhecer vírus. Mas os segmentos de DNA que desejamos reconhecer são previamente submetidos a uma fastidiosa preparação. Seria interessante integrar suas etapas num mesmo chip, a fim de analisar diretamente uma amostra bruta (uma gota de sangue ou de água). Não se trata mais de inserir chips em laboratórios, mas de instalar verdadeiros laboratórios ultraminiaturizados num chip.

Cientistas tentam conceber esses laboratórios minúsculos, capazes, por exemplo, de fornecer a composição detalhada do sangue a partir de uma única gota. Isso exige miniaturizar separadores, câmaras de reação química, sensores, e associá-los construindo dutos mais finos que fios de cabelo. Uma dificuldade suplementar consiste em fazer a gota avançar nesses dutos. Nessa escala, os fenômenos de superfície são preponderantes, e as interações entre a gota e as paredes impedem-na de escoar, como se ela "grudasse" nas paredes. Pesquisas em microfluídica vêm sendo realizadas para aprimorar microválvulas ou dispositivos que apliquem campos elétricos intensos suscetíveis de impulsionar uma gota num microcanal.

Boas-vindas ao mundo quântico

Voltemos à eletrônica integrada e a seus transistores. Já evocamos o problema das correntes de fuga nos transistores de 65 nanometros. Nos transistores mais recentes de 20 nanometros ou menos, fabricados atualmente nos laboratórios de pesquisa, é pior! Eles funcionam precariamente! Essas disfunções não se devem à má fabricação, decorrendo da própria arquitetura do transistor. Suas dimensões são de tal forma reduzidas que elétrons escapam inevitavelmente do eletrodo de comando para juntar-se ao canal do transistor. Para evitar essas fugas, os engenheiros são obrigados a realizar acrobacias na concepção e fabricação dos transistores. Conseguirão lançar a produção em massa dos transistores de 45 nanometros, mas ela necessita de pelo menos 400 etapas tecnológicas. E depois? Esses elétrons fujões são, como os ratos que abandonam o navio, um primeiro sinal de alerta: a miniaturização dos transistores não poderá prosseguir por muito tempo. Nessa escala, componentes quânticos começam a emergir na reação elétrica ou nas propriedades de condução dos pequenos fios elétricos, o que irá revolucionar a microeletrônica tal como esta é praticada atualmente.

Mas o que significa a palavra "quântico" que surge aqui no mundo da tecnologia? Em 1900, o físico alemão Max Planck compreendera que, no mundo microscópico, trocas de energia não podem se produzir de forma contínua, ao contrário do que ocorre no mundo macroscópico. Essas trocas devem ser efetuadas por saltos, chamados "quanta". Esses saltos são múltiplos de um salto elementar, o "quantum" (ou quantum de ação), que é uma constante universal, denominada constante de Planck. Por exemplo, quando um elétron pertence a um átomo, sua energia é quantificada, pois ela só pode ganhar valores discretos. Para explicar isso, os cientistas do início do século XX não conseguiram mais que associar uma onda a esse elétron. Com efeito, o elétron é capturado em seu átomo como que numa caixa. Ora, uma onda confinada numa caixa reflete-se nas paredes. Portanto, nem todas podem possuir os comprimentos de onda possíveis, da mesma forma que uma corda de violão esticada entre a cravelha e o cavalete vibra a uma só frequência e emite uma única nota. Comprimir a corda contra o braço do violão muda a nota. Da mesma forma, a energia de um elétron não pode assumir qualquer valor em seu pequeno átomo-caixa. Outra consequência: o elétron não pode ser localizado com precisão em torno do seu átomo. Apenas se conhece a probabilidade de sua presença em uma posição do espaço.

A associação de uma onda a uma partícula como um elétron tem grandes repercussões sobre a física dos elétrons presentes num sólido, contanto que o tamanho de uma das três dimensões desse sólido (comprimento, largura ou altura) aproxime-se do comprimento de onda da onda associada a um elétron: surgem comportamentos quânticos. Eles já estavam presentes nos transistores volumosos, mas achavam-se mascarados, pois o número de átomos que entrava na composição de um transistor "gordo" era tão gigantesco que isso embaralhava as ondas quânticas, um pouco como se, numa imensa orquestra, todos os instrumentos passassem a tocar notas diferentes sem relação umas com as outras: sairia apenas um som irreconhecível.

Nos dispositivos menores é diferente: os fenômenos quânticos não são mais mascarados. Seu estudo abriu um novo campo de pesquisa: a física mesoscópica. Esses dispositivos têm dimensões que vão de algumas dezenas a algumas centenas de nanometros. Sua escala, portanto, é intermediária entre o átomo e o macroscópico e os átomos presentes são contados aos milhões. Por conseguinte, em física mesoscópica, as ondas quânticas associadas aos elétrons continuam embaralhadas. Porém, ao contrário dos dispositivos com maior massa, um dos fatores do embaralhamento desapareceu. Quando o tamanho do dispositivo torna-se inferior ao livre percurso médio dos elétrons (a distância média que eles percorrem entre duas colisões), a probabilidade de colisão com as vibrações dos átomos cai, como se os elétrons não tivessem mais tempo de interagir com elas. As vibrações então quase não intervêm mais e tudo se passa então como se uma única onda estivesse associada a um grande número de elétrons ao mesmo tempo, como se uma nota emergisse finalmente da algaravia da orquestra, em virtude de tentar afinar os instrumentos.

Os nanotubos de carbono são materiais na fronteira entre essa física mesoscópica e a nanofísica, que abordaremos no próximo capítulo. Descobertos em 1991, são tubos de carbono com um diâmetro compreendido entre alguns nanometros e algumas dezenas de nanometros. Seu comprimento alcança às vezes vários micrometros. São formados por folhas de grafite enroladas em si mesmas, como rolos de uma grade. Suscitam um grande entusiasmo, pois são muito sólidos, condutores ou semicondutores, dependendo do caso, e apresentam uma condutividade térmica elevada. Pesquisas vêm sendo realizadas para que sejam utilizados como condutor elétrico ou como canal de novos tipos de transistores. Eles contêm muitos elétrons, e, como seu comprimento é grande em relação a seu segmento, a corrente elétrica que circula por ele tem um comportamento clássico: a lei de Ohm se aplica. Não é o caso no segmento do tubo, que é da ordem de grandeza de alguns comprimentos de onda quânticos dos elétrons. Logo, convém levar em conta ao mesmo tempo propriedades clássicas e comportamentos quânticos desses elétrons de condução para compreender as propriedades eletrônicas de um nanotubo de carbono.

Em mecânica, os motores proteicos, isto é, os aglomerados de proteínas que, nas células, transformam energia química em trabalho, situam-se igualmente nessa fronteira entre física mesoscópica e nanofísica. Cada proteína do motor proteico é composta de milhares de átomos. A posição desses átomos no espaço é regida pelas leis da física quântica. Associa-se uma onda quântica a cada modo de vibração de uma ligação química entre dois átomos na proteína. Como existe um grande número de ligações químicas, a onda quântica associada a cada modo de vibração não vai aparecer no movimento global da proteína. Assim como no caso dos elétrons num sólido, as ondas quânticas de vibração embaralham-se. As propriedades mecânicas da deformação de uma proteína irão então parecer clássicas: a proteína poderá girar ou ter movimentos de translação. O aglomerado de proteínas que formam o motor proteico apresentará, portanto, um movimento de rotação aparentemente clássico, que já foi observado experimentalmente com preparações *in vitro* desses motores.

Portanto, não devemos confundir física mesoscópica com nanofísica. A nanofísica trata da física dos dispositivos com apenas algumas dezenas de átomos e nos quais o embaralhamento das ondas quânticas está ausente ou controlado (ou ainda introduzido pelo ambiente circundante). O próximo capítulo é dedicado a isso. Todavia, como em muitas fronteiras, há conflitos entre as comunidades científicas (*ver Anexo II*). Para os adeptos da abordagem descendente que utilizam as técnicas de miniaturização da microeletrônica para fazer física mesoscópica, a nanofísica começa quando as propriedades quânticas emergem. Para aqueles que praticam uma abordagem "de baixo para cima" e manipulam os átomos por unidade, a nanofísica começa quando os átomos participantes do dispositivo podem ser contados um a um e termina quando eles são muito numerosos, criando os primeiros embaralhamentos internos não controláveis dos fenômenos quânticos.

Você disse mesoscópica?

Num transistor de última geração, a corrente de fuga provém de um fenômeno quântico chamado "efeito de túnel" (o microscópio de tunelamento fundamenta-se nesse mesmo efeito): os elétrons são muito numerosos, e portanto descritos por uma única onda quântica. No mundo quântico, a onda associada a uma partícula não consegue mais parar na superfície que separa dois ambientes: uma certa continuidade das ondas está assegurada. Em virtude disso, os elétrons de um meio material têm uma probabilidade de presença não nula no outro meio, podendo, por conseguinte, ali se encontrar! O efeito de túnel é "atravessador". Seu alcance é inferior a alguns nanometros. Num transistor de última geração, em que a camada isolante que separa o eletrodo de comando e a parte ativa do transistor (canal) tem uma espessura inferior ao nanometro, alguns elétrons têm forte probabilidade de atravessar, por efeito de túnel, a camada isolante do transistor, de um eletrodo a outro ou de um eletrodo ao canal. Essa "debandada" dos elétrons é muito incômoda. Para cada nova geração de transistores, será preciso encontrar um novo material para constituir uma camada isolante mais refratária à penetração da onda quântica eletrônica. Além disso, um transistor funciona melhor à medida que o eletrodo de comando recobre o mais amplamente possível a superfície do canal. Ora, a intensidade da corrente de fuga é proporcional às superfícies em consideração. Os engenheiros confrontaram-se com imperativos antagônicos: para aumentar a eficácia do transistor, seria preciso aumentar a superfície de cobertura; para diminuir a corrente de fuga, seria preciso reduzi-la. Um beco sem saída!

Outros fenômenos quânticos foram observados em minúsculos dispositivos fabricados, sempre, graças às técnicas da microeletrônica. Em nossa escala, quando uma corrente elétrica circula num fio, ela obedece à lei de Ohm: sua intensidade é inversamente proporcional à resistência elétrica do fio, o que significa que os elétrons circulam menos facilmente num fio que apresenta uma forte resistência. Ora, quanto mais estreito o fio, mais elevada a resistência. Os elétrons progridem então com mais dificuldade num fio estreito, como espectadores que diminuem o passo numa saída afunilada de teatro.

Porém, quando o segmento de um fio metálico atinge algumas dezenas de nanometros, um estranho efeito aparece: a resistência não aumenta mais continuamente quando o segmento diminui, como acontecia antes. Ela aumenta por "saltos": enquanto o segmento do fio diminui, ela permanece constante, depois, subitamente, ela aumenta, e assim por diante, cada degrau correspondendo a um "quantum" elementar de resistência. Tudo se passa como se, no teatro, os espectadores, em vez de diminuírem o passo à medida que se espremem no corredor de saída, embarcassem em carrinhos que deslizassem a uma velocidade constante por alguns metros, depois a uma velocidade inferior em outra porção mais estreita desse corredor de saída.

Esses saltos explicam-se por um fenômeno de difração. Quando o segmento do fio diminui, chega um momento em que ele fica proporcional a alguns comprimentos de onda quânticos dos elétrons. Nesse caso, sempre que o segmento do fio é igual a um múltiplo de meio comprimento de onda, há ressonância, e um quantum de energia é atingido. Quando o segmento do fio torna-se inferior ao último meio comprimento de onda, o fio torna-se refratário aos elétrons. É como se o segmento fosse estreito demais para que a onda quântica prosseguisse nele (assim como a luz não consegue passar através de um buraco pequeno demais): os elétrons não podem mais circular. Esse fenômeno quântico foi observado pela primeira vez no final dos anos 1980.

O que acontece quando um circuito elétrico inteiro é confeccionado com fios metálicos muito finos? Num circuito elétrico clássico, composto, por exemplo, de duas resistências montadas em paralelo, a condutância elétrica, que mede a "facilidade" do circuito de deixar passar a corrente, é a soma das condutâncias de cada componente, segundo as leis de Kirchhoff (estabelecidas no século XIX). Porém, quando esse circuito torna-se mesoscópico, isto é, quando o tamanho de suas resistências e o segmento de seus fios de conexão tornam-se inferiores a 100 nanometros, esse circuito não obedece mais às leis clássicas de Kirchhoff. Sua condutância é igual à soma das condutâncias de cada resistência, à qual é preciso acrescentar um termo de correlação que represente os efeitos de interferências quânticas entre as duas resistências em paralelo. As leis elementares da eletricidade não desmoronaram... uma vez que a carga do elétron é conservada. Mas efeitos quânticos emergiram.

O elétron é uma partícula fundamental que possui uma carga elétrica elementar, pois é, a princípio, indivisível. Por convenção, ela é igual a –1. Todas as partículas que formam a matéria possuem cargas elétricas inteiras, múltiplas da carga do elétron. Um átomo que ganhe um elétron possui uma carga elétrica negativa, pois contém um elétron a mais. Por exemplo, o íon cloreto do sal de mesa (cloreto de sódio) é o átomo de cloro que ganhou um elétron. Ao contrário, um átomo que perca um ou vários elétrons tem uma carga elétrica positiva, pois contém então menos elétrons. O íon sódio do mesmo sal de mesa, notado Na^+, é um átomo de sódio (Na) ao qual falta um elétron.

Se submetermos uma barra condutora, na qual circula uma corrente fraca, a um campo magnético aplicado perpendicularmente a ela, surge uma tensão nos extremos da barra. Essa tensão aumenta quando o campo magnético aumenta: é o efeito Hall. A resistência de Hall, que é a razão entre essa tensão e a intensidade da corrente, aumenta linearmente com o campo magnético. Em 1998, físicos substituíram essa barra por uma placa de uma dezena de nanometros de espessura e observaram que a resistência de Hall deixa de aumentar continuamente com o campo magnético, fazendo-o por patamares: é o efeito Hall quântico.

O primeiro patamar representa a resistência de Hall quântica elementar, os seguintes surgem como múltiplos dessa resistência elementar. Com um campo magnético ainda mais elevado, surgem outros patamares intermediários. Qual é sua origem? Isso era uma verdadeira charada para os físicos. Na verdade, esses patamares intermediários explicam-se pela existência de "transportadores" cuja carga é inferior à do elétron: ela é igual a uma fração desta! Todavia, eles não provêm de "elétrons em pedaços!". Esse experimento não põe em xeque nem a estrutura do elétron, nem seu status de partícula indivisível. Esses transportadores de carga fracionada são partículas de um novo tipo, chamadas quasipartículas ou partículas virtuais. Elas resultam do comportamento coletivo de milhares de elétrons presentes na camada ultrafina. Nessa camada, sob a influência do campo magnético, é como se a corrente fosse transportada por quasipartículas de carga igual a 1/3. Outros experimentos confirmaram a existência dessas quasipartículas, e revelaram outras cujas cargas equivalem a 1/5 ou 1/7 da carga do elétron. Eis o mundo novo trazido pela miniaturização.

A eletrônica de amanhã

Aves de mau agouro já haviam previsto a existência de insuperáveis barreiras à fabricação de transistores de um micrometro, depois de um quarto de micrometro e, por fim, de 100 nanometros. Todas foram galhardamente superadas graças a soluções cada vez mais engenhosas. Porém, para as gerações de transistores inferiores a 20 nanometros, as propriedades quânticas são tecnicamente incontornáveis, e o próprio conceito de transistor volta a ser questionado. Embora seja possível miniaturizar ainda mais, esses dispositivos não terão mais muita coisa em comum com os transistores atuais. Com que se pareceriam? Diferentes pistas estão sendo exploradas, as quais investigam os efeitos quânticos, em vez de sofrê-los. Uma nova eletrônica, chamada quântica, está para nascer nos laboratórios de pesquisa. Essa eletrônica quântica é às vezes denominada, erradamente, nanoeletrônica quântica. As dimensões dos dispositivos fabricados são tais que contêm ainda milhares de átomos. Apenas a precisão de fabricação é da ordem do nanometro. Passemos em revista algumas das pistas para a eletrônica no futuro.

Os transistores clássicos, reduzidos a cerca de 20 nanometros, têm cada vez menos elétrons "ativos" (os que interessam para o funcionamento do transistor). Por que então não fabricar um interruptor que funcione com um único elétron? Assim que um elétron penetra num transistor clássico, a energia interna desse transistor aumenta. Ele capta essa energia nas flutuações térmicas de seu local de "partida", e, sendo esse aumento infinitesimal, ela se dissipa nas flutuações térmicas de seu local "de chegada". Que haja um elétron a mais ou a menos no transistor, isso não muda nada. Em contrapartida, quando a largura do transistor mede apenas uma dezena de nanometros, essa energia extra deixa de ser desprezível. Nesse caso, as flutuações térmicas não bastam mais para fornecê-la. Além do mais, se um elétron consegue entrar no transistor, sua presença basta para bloquear a passagem de outros. É o fenômeno do "bloqueio de Coulomb": nenhum elétron penetra mais, pois isso custa muito caro em energia. É como uma represa: quando ela está cheia, a água não pode mais entrar. O bloqueio de Coulomb foi descrito em 1951, mas a ideia de pesquisá-lo no sentido de confeccionar um transistor de um elétron foi emitida apenas em 1985, e implementada dois anos mais tarde, graças às técnicas mais aprimoradas de litografia eletrônica.

Uma eletrônica bem diferente poderia igualmente surgir com a utilização não mais da carga do elétron, mas de seu momento magnético elementar, o "spin", característica intrínseca do elétron, que é interpretado como uma rotação sobre ele mesmo (*to spin* significa "rodopiar" em inglês). Como um pequeno ímã, esse spin produz um campo magnético, orientado para cima ou para baixo segundo o sentido de rotação do elétron. Num material não magnético, as orientações dos spins são aleatórias. Assim, num transistor clássico, o spin de cada elétron é orientado aleatoriamente e não influencia nas propriedades do transistor. Em contrapartida, em um material magnético, os elétrons com o spin orientado para cima e os com o spin orientado para baixo são em número diferente, o que provoca a magnetização do material. Quando elétrons percorrem esse material magnético, seus spins então interagem com o momento magnético do material. Por exemplo, quando uma corrente elétrica qualquer (spins com orientações aleatórias) atravessa um material ferromagnético, os elétrons com spin dirigido para um sentido têm mais probabilidades de passar que os demais elétrons. O material ferromagnético atua como um filtro e quase todos os elétrons na saída possuem a mesma orientação de spin. Outra configuração: a corrente elétrica pode modificar a orientação dos momentos magnéticos locais num material magnético, ou ainda uma tensão aplicada pode mudar a orientação do momento magnético do material. Esse material constitui um componente "spintrônico".[5] A variação dos spins é mais rápida e necessita menos energia que a mudança de um transistor eletrônico de um estado a outro (aberto ou fechado), pois os spins invertem-se mais rapidamente do que os elétrons circulam. Eis por que a eletrônica spintrônica conquista a preferência de diversos pesquisadores.

De todos os candidatos que poderiam substituir o transistor de semicondutor miniaturizado nos anos vindouros, o transistor de um elétron e o transistor spintrônico têm a vantagem de utilizar as tecnologias de fabricação já desenvolvidas para a miniaturização dos transistores clássicos. De toda forma, o princípio de funcionamento desses dispositivos utilizará os efeitos quânticos em vez de procurar evitá-los.

O fio condutor

Uma lenda das nanotecnologias surgiu a partir da pretensa profecia visionária de Feynman, resultando nos transistores ultraminiaturizados, passando pelos chips de DNA e a micromecânica. Essas nanotecnologias inserem-se na esteira de técnicas de rotina desenvolvidas no fim dos anos 1950, como a fotolitografia para os componentes microeletrônicos e micromecânicos ou a litografia eletrônica no caso da física mesoscópica. As nanotecnologias modelam objetos às vezes 100 vezes superiores a um nanometro, com uma precisão de fabricação da ordem de poucos nanometros. Entretanto, elas ocupam o pós-cena, inelutavelmente assimiladas à infinitesimal... ao passo que outra tecnologia desenvolve-se na escala abaixo: fundamenta-se na manipulação dos átomos um a um e dá origem a dispositivos de alguns nanometros, com uma precisão de fabricação de 0,1 nanometro. Essa tecnologia será apresentada no próximo capítulo.

Além da proeza tecnológica de integrar um número cada vez maior de transistores na superfície de um semicondutor, bem como de seu interesse econômico e prático na nossa vida cotidiana, a aventura da miniaturização segue outro fio condutor que diz respeito à metafísica: conseguiremos no futuro fabricar uma máquina que pense? Quando Pascal encarnou na matéria não viva uma máquina de calcular, sua "pascaline" não pensava. Quando Watt concebeu sua pequena máquina a vapor de laboratório, acrescentou-lhe um programa sob a forma de uma série de buracos perfurados numa pequena placa de zinco. Essa placa permitia o controle da sequência de abertura das comportas e válvulas da máquina. Uma máquina a vapor não pensava. Quando em 1820 Babbage concebeu a primeira máquina de calcular multifuncional, ela tampouco pensava. Em nossos dias, quando os engenheiros fabricam um chip de 100 milhões de transistores, esse chip evidentemente não pensa. Quantas rodas dentadas serão necessárias, quantos tubos de vácuo ou transistores, para que uma máquina comece a pensar? Em 1957, John von Neumann sugeria o número de 100 mil transistores. Graças à miniaturização, esse número foi superado há muito tempo... E as máquinas continuam a não pensar.

3.

PERMANECER "LÁ EMBAIXO"

Finalmente, de tanto querer miniaturizar, chegará o dia em que o minúsculo pedaço de matéria irá se tornar pequeno demais para que com ele se fabrique um dispositivo ou mesmo uma máquina. Nos anos 1960, supunha-se que o limite derradeiro da miniaturização situava-se na escala das macromoléculas do ser vivo, assim como as proteínas ou o DNA, compostas de milhares de átomos. Era a época da descoberta das proezas dessas macromoléculas, capazes de estocar informação, transportar moléculas, produzir energia e comunicar-se. Determinadas enzimas[1] têm inclusive diversos sítios químicos ativos e são reguladas por outras moléculas, isto é, elas só são ativas na presença de um sinal molecular ou elétrico, análogo a relés eletrônicos.

Em 1970, no livro *O acaso e a necessidade*, Jacques Monod escrevia, como um desafio lançado aos físicos, que o peso mínimo de um relé eletrônico era de cerca de 10^{-2} gramas, enquanto o peso de uma enzima com a mesma performance era de 10^{-17} gramas. Ele assinalava como as performances dos nossos dispositivos ultraminiaturizados da época estavam longe daqueles em ação no ser vivo. Era então inimaginável fabricar máquinas cujo tamanho fosse inferior ao das macromoléculas.

Ora, sabemos agora que esses objetos biológicos não são os menores objetos capazes de encarnar um dispositivo. O desafio lançado por Monod repercutiu então para além das técnicas da miniaturização: uma simples molécula é uma entidade material que oferece uma extensão espacial e uma estabilidade no tempo propícias a garantir a encarnação de um dispositivo ou de uma máquina. Daí a nova ideia, que germinou nos anos 1990, de inverter o modo de fabricação das máquinas: em vez de partir de um material massivo e desgastá-lo até que ele atinja as menores dimensões possíveis, por que não partir de alguns átomos e construir progressivamente uma máquina com o número preciso de átomos necessário? Essa ideia está na base de uma nova tecnologia, a nanotecnologia. Este capítulo é dedicado à primeira etapa dessa abordagem ascendente dos dispositivos complexos: vamos, em primeiro lugar, "permanecer lá embaixo" da escala das grandezas e descobrir como é possível manipular um átomo ou uma molécula composta de algumas dezenas de átomos, bem menores que os objetos biológicos.

Um instrumento, o microscópio de tunelamento, inventado em 1981, abriu as portas desse mundo "lá embaixo" oferecendo uma solução técnica para inversão da tecnologia. A primeira imagem de uma única molécula foi obtida em 1957 com um microscópio eletrônico (*ver Anexo I*). Porém, pela primeira vez, graças ao microscópio de tunelamento, tornou-se possível não apenas formar a imagem de uma molécula na tela, mas tocar essa molécula com a ponta do microscópio. Assim que a molécula adquiriu um verdadeiro status de entidade material independente, a aventura da nanotecnologia começou. Com ela são fabricados dispositivos cujas dimensões são inferiores a tudo que se fazia até então: elas são da ordem de nanometro para precisões de fabricação da ordem de um décimo de nanometro.

A nanotecnologia é uma nova etapa na longa epopeia da ciência da matéria, não na da ciência dos materiais.

Nascimento da molécula

Sob a ponta do microscópio de tunelamento, a molécula pode se transformar numa máquina minúscula. Entretanto, inicialmente, o conceito de molécula só foi proposto para responder ao problema da identidade dos corpos. Por definição, uma molécula é a menor parte que caracteriza uma substância, e foi objeto de inúmeras polêmicas. Giovanni Alfonso Borelli (1608-79) imaginava que uma substância era um agregado de "pequenas máquinas" (*machinulae*) capazes de se aproximar umas das outras ou se afastar. Os cientistas do século XVII perceberam a insuficiência da doutrina aristotélica, então predominante, segundo a qual a matéria era contínua e constituída de quatro elementos: terra, água, fogo e ar. Dentre eles, Isaac Beeckman, médico e matemático holandês, correspondia-se assiduamente com os cientistas de sua época. Mantinha um diário científico no qual anotava suas reflexões e seus experimentos. Em 14 de setembro de 1620, escreveu que, se dividíssemos um remédio em dois, cada um dos pedaços conservaria sua virtude curativa. Se o fracionássemos mais uma vez, aconteceria a mesma coisa. Porém, raciocinava ele, caso o dividíssemos mais e mais, chegaria um momento em que o ínfimo fragmento perderia suas propriedades. Beeckman chamava a menor parte que conserva uma eficácia terapêutica de "mínimo". Esse mínimo é o homólogo da molécula moderna.

Beeckman imaginava que ele seria composto de átomos, todos feitos de uma mesma "matéria-prima", mas que se distinguiriam uns dos outros pela "forma". Ele esclarecia que existiriam pelo menos quatro tipos de átomos (correspondentes aos quatro elementos), mas talvez mais (conhecemos atualmente 118).

Em 1621, Sébastien Basson chegou a um conceito similar. Ele era teólogo, reitor do Colégio de Dieu, no Delfinado. Pesquisou a origem e a constituição da matéria, estudando fontes anteriores a Aristóteles, mais próximas da Criação, logo, *a priori* mais confiáveis. Examinou os argumentos dos atomistas, para quem a matéria era descontínua e constituída de átomos, entre os quais o extraído da experiência que consistia em despejar um filete de vinho num grande volume de água. O vinho se dispersava e desaparecia pouco a pouco, o que mostrava, segundo os atomistas, que a matéria era dividida em partículas. Basson estipulou que a matéria era composta de partículas primárias, que também chamou de mínimos. Seus mínimos eram compostos de quatro elementos, diferindo uns dos outros pela proporção e disposição desses elementos. Basson imaginava que os mínimos aglomeravam-se para formar partículas secundárias, que se reagrupariam em partículas terciárias etc., e que, paulatinamente, iriam formando os objetos que nos cercam. Nascera o conceito de molécula, menor parte característica de um corpo, mas composto de outra coisa (elementos). A palavra "molécula" (*molecula*), porém, só apareceu mais tarde, em 1636, sob a pena de Pierre Gassendi, padre francês, a partir do sufixo "-cula" e "mole" (equivalente do termo "massa" atual), para traduzir "partícula" num texto de Diógenes Laércio dedicado ao filósofo atomista Epicuro (*molecula* não correspondia então à molécula tal como a conhecemos hoje).

As moléculas, embora hipotéticas, logo iriam revolucionar a ciência da matéria. Antoine de Lavoisier (1743-94) demonstrou que um corpo conservava sua identidade, seja sob a forma gasosa, líquida ou sólida: o vapor d'água, a água e o gelo constituíam de fato um único e mesmo corpo, cujas moléculas apenas eram organizadas de forma diferente, segundo o estado. Lavoisier foi um dos artífices da "molecularização da imagem do mundo":[2] o conceito de molécula desenvolveu-se tanto e de tal forma que, no fim do século XVIII, os cientistas tentavam explicar todos os fenômenos lançando mão dele.

No século XIX, a ciência da matéria progrediu como nunca antes. O inglês John Dalton sustentava que a matéria era composta de átomos de massas diferentes, combinados em moléculas. Pela primeira vez era enunciada essa descrição correta da matéria. O químico italiano Amedeo Avogadro mostrou em seguida que duas garrafas de mesmo tamanho, com temperatura e pressão idênticas, encerravam exatamente o mesmo número de moléculas (ou seja, cerca de 27 milhões de bilhões de moléculas por litro), qualquer que fosse o gás contido na garrafa: a molécula tomava realmente corpo. Todavia, cada cientista tem sua própria linguagem. Assim, Avogadro não falava de átomos, mas de "moléculas elementares", enquanto John Dalton chamava as moléculas de "átomos compostos". Um grande congresso foi organizado em Karlsruhe, em 1860, para esclarecer a situação. Depois de acaloradas discussões, os químicos presentes chegaram a um consenso quanto às definições fundamentais, que continuam sendo as que utilizamos hoje. A distinção entre átomo e molécula (grupo de átomos) foi ratificada.

Qual é o tamanho de uma molécula?

Desde então, multiplicam-se as tentativas para determinar o tamanho de uma molécula, cuja existência não passa, lembremos, de uma hipótese. O físico austríaco Josef Loschmidt (1821-95) calculou o diâmetro de uma "molécula de ar" e achou 9,690. 10^{-7} milímetros, ou seja 0,969 dos nossos nanometros atuais, um belíssimo resultado... se existissem moléculas de ar...[3] Recorrendo a outro método, o físico inglês Lord Kelvin (1824-1907) estima o tamanho dos átomos de zinco e cobre em 0,1 nanometro. A ordem de grandeza está correta. Bem antes disso, Benjamin Franklin (1706-90) inspirara um experimento que permitiu, um século mais tarde, calcular o tamanho de uma molécula. Assim como outros, ele observara que o óleo esparrama-se na superfície da água, formando um filme. Supondo que o filme tenha a espessura de uma molécula, basta dividir o volume de óleo pela superfície espalhada pelo óleo para descobrir o tamanho da molécula, da ordem do nanometro (esse experimento é hoje corriqueiramente reproduzido nas salas de aula).

Ainda no decorrer do século XIX, os químicos viram-se confrontados com um mistério: algumas substâncias compostas exatamente das mesmas moléculas apresentavam propriedades diferentes. Como era possível? O químico sueco Jöns Jacob Berzelius propôs: "Talvez no futuro esse [enigma] seja esclarecido pelo estudo da forma geométrica das [moléculas]." Enquanto isso, ele denominava "isômeros" a essas intrigantes espécies químicas. Sua hipótese estava correta: em 1875, os químicos Jacobus Van't Hoff e Joseph Le Bel demonstraram que as ligações de um átomo de carbono eram orientadas do centro do átomo para os vértices de um tetraedro. A molécula estendia-se nas três dimensões do espaço. Ficava então demonstrado que duas moléculas constituídas dos mesmos átomos podiam adotar diferentes arquiteturas e, em virtude disso, apresentar diferentes propriedades. Segundo o físico alemão Rudolf Clausius, essa arquitetura não seria um conjunto rígido: seus átomos oscilavam ligeiramente uns em relação aos outros, inclusive num sólido. Em 1890, o jovem químico alemão Hermann Sachse foi mais longe e mostrou que ela nem sempre se imobiliza, adotando diferentes conformações, como se fosse "dobrável". Assim, no fim do século XIX a molécula tinha o aspecto que lhe conferimos hoje: um esqueleto de átomos podendo adotar diferentes configurações no espaço.

Os cientistas explicavam inúmeros fenômenos macroscópicos a partir das moléculas. Entretanto, ninguém jamais vira uma molécula, pois elas são pequenas demais para serem observadas no microscópio óptico. Assim, permaneciam hipotéticas. E em virtude disso, alguns homens de ciência, dentre os mais eminentes, ainda rejeitavam o conceito de molécula no fim do século XIX. Por exemplo, o incontornável Marcelin Berthelot, homem de poder científico e político muito influente na época (catedrático do Collège de France, membro da Academia de Ciências, ministro da Instrução Pública e ministro das Relações Exteriores), tachara o conceito de molécula de "concepção mística". A existência das moléculas seria definitivamente consolidada em 1908 graças ao físico francês Jean Perrin, que comprovou-as experimentalmente.

O demônio de Maxwell

Em 1871, o físico britânico James Clerk Maxwell provocou uma verdadeira revolução cultural, a princípio despercebida. Imaginou um experimento extravagante, no qual alguma coisa suficientemente pequena seria capaz de medir a velocidade de cada molécula de um gás encerrado numa caixa. Esse "pequeno demônio", como seria batizado em seguida, devia ser capaz não apenas de "seguir" as moléculas que se deslocavam a toda a velocidade e em todas as direções, como separar uma por uma, segundo sua velocidade, as mais lentas de um lado, as mais rápidas do outro. Dessa forma, deixando o demônio agir num recinto com temperatura ambiente, veríamos metade do recinto encher-se de cubos de gelo, enquanto na outra metade reinaria um calor tórrido. A temperatura está diretamente ligada à velocidade das moléculas. Maxwell realizava então uma experiência de pensamento, mas também introduzia o conceito novo de um dispositivo complexo que atuaria no nível das moléculas. Nos anos 1870, a molécula acabava de adquirir uma forma. Era então impensável desenhar os planos desse dispositivo molecular, e mais ainda materializá-lo. O demônio de Maxwell continuou a espezinhar os teóricos da termodinâmica, mas o conceito subjacente de máquina molecular ficou esquecido durante cerca de 100 anos.

Ao longo do século XX, os biólogos, em particular Jacques Monod, iriam tirar o demônio de Maxwell do armário. Esses biólogos procuram explicar os processos elementares da vida com a ajuda de macromoléculas: algumas propiciam a solidez da estrutura celular, outras desempenham papéis mais ativos. Assim, em 1947, o bioquímico húngaro Albert Szent-Györgyi, descobridor da vitamina C, sugeriu que as proteínas guiam os elétrons ao longo de seu esqueleto atômico, um pouco à maneira de um fio elétrico. A molécula ainda não se tornou uma máquina tão complexa quanto o demônio de Maxwell, mas, ao lhe atribuir uma função de fio condutor, Szent-Györgyi reconhece que não é necessário fabricar um material depois de modelá-lo para constituir um fio elétrico. Uma molécula, e apenas uma, pode desempenhar uma função precisa numa engrenagem complexa. Uma molécula, e apenas uma, pode ser utilizada, como sugeria Maxwell, para fazer uma tarefa complexa. Esse demônio rejuvenescido prosseguirá seu percurso científico passando pelas mãos dos químicos.

Henry Taube, químico norte-americano, foi levado a retomar a ideia de Szent-Györgyi em seus experimentos. No final dos anos 1950, desenhou e sintetizou moléculas de forma alongada (de cerca de 1 nanometro para um segmento de 0,2 nanometro). Em seguida estudou-as por espectroscopia, isto é, mediu sua absorção luminosa enviando uma radiação através de uma solução contendo bilhões dessas moléculas. Conseguiu detectar uma absorção infravermelha que só podia provir de um fenômeno intramolecular. Demonstrou que essa energia serve para transferir um elétron de uma ponta à outra da molécula. Comprovou, assim, que uma molécula pode guiar elétrons um por um, quase como um fio elétrico. Pela primeira vez, uma molécula foi concebida com vistas a guiar elétrons de uma extremidade à outra de sua estrutura.

No início dos anos 1970, o químico norte-americano Ari Aviram trabalhava nos laboratórios de pesquisa T.J. Watson da IBM, perto de Nova York. Ele fez sua tese sob orientação de Mark Ratner, na Universidade de Nova York. Seus trabalhos lidavam com uma ideia difícil de admitir para um físico da época e que iria intrigar os engenheiros eletrônicos por muito tempo. Mais funcional que um pequeno fio condutor, eles conceberam um retificador elétrico com uma única molécula, isto é, uma molécula que só permite a passagem da corrente elétrica numa única direção. Para isso, inventaram uma pequena molécula de 1,2 nanometro de comprimento constituída de duas partes diferentes, uma rica em elétrons e a outra pobre em elétrons. Conectada a dois eletrodos, um em cada extremidade, a molécula devia funcionar como um retificador elétrico: os elétrons do eletrodo não podiam penetrar o lado rico em elétrons (eles são repelidos), mas entravam facilmente no lado pobre em elétrons. Eles então eram transferidos do corpo da molécula, e a corrente podia circular, mas apenas numa direção.

Assim, 100 anos depois do demônio de Maxwell, Aviram e Ratner descreveram uma molécula capaz de agir sozinha. Ela constitui um dispositivo ultraminiaturizado em si mesmo. No que se refere a seu princípio de funcionamento, ela aproxima-se do demônio de Maxwell, uma vez que não seleciona moléculas, mas elétrons, para só deixá-los passar numa direção. O mais importante é que essa molécula não é empilhada com bilhões de bilhões de outras iguais para exercer uma função. Essa ideia de transformar uma molécula única num dispositivo eletrônico marcou os primórdios da eletrônica molecular. Um problema, no entanto, permanecia: como conectar fios elétricos macroscópicos sobre uma molécula?

Como conectar uma molécula?

Em meados dos anos 1980, não havia nenhuma solução em vista para fazer uma corrente elétrica passar numa única molécula. Aviram e Ratner batalharam para verificar se sua molécula retificava efetivamente a corrente. Muitos chegavam a pensar que uma molécula era um objeto por demais minúsculo para que fios elétricos pudessem se conectar nela. Outros simplesmente não viam interesse na eletrônica molecular, de tal forma a miniaturização dos componentes microeletrônicos caminhava bem. A ideia da eletrônica molecular enfraqueceu um pouco.

Em 1985, jovem pesquisador recém-munido de uma tese, vi-me novamente apresentando a solução que eu tinha na cabeça para resolver esse problema de conexão ao diretor do Laboratório de Óptica Eletrônica do CNRS em Toulouse. Minha ideia era simples: se focalizássemos o feixe de um microscópio eletrônico sobre o extremo de uma molécula, será que não conseguiríamos introduzir nela alguns elétrons, coletando-o depois num eletrodo conectado à outra extremidade dessa molécula? Essa ideia era muito ingênua, e meu orientador me convenceu de que a molécula seria queimada pelo feixe de elétrons antes de ter conseguido agarrar alguns.

De sua parte, Aviram também discutira muito essa questão com os especialistas de litografia eletrônica da IBM. Seu plano era o seguinte: como na época já era possível fabricar, por litografia, um fio elétrico metálico com uma largura de 20 nanometros sobre uma superfície de silício, não poderíamos cortar esse fio na metade e inserir algumas moléculas no interstício criado? Infelizmente, os especialistas julgavam impossível cortar esse fio e guiar algumas moléculas para o minúsculo interstício com a precisão necessária.

Nesse ínterim, a tecnologia do recentíssimo microscópio de tunelamento, inventado no laboratório de pesquisa europeu da IBM em Zurique, propagou-se por todos os laboratórios de pesquisa da IBM e por alguns laboratórios universitários. Em 1983, foram instalados microscópios de tunelamento no laboratório onde Ari Aviram trabalhava. Os físicos fizeram uso dele para observar a superfície dos semicondutores com uma resolução atômica, a fim de compreender sua estrutura e a de suas falhas. Aviram não se interessou ainda por isso, concentrado que estava em sintetizar uma nova molécula.

Criou uma molécula que, mudando de forma, se destinava a exercer a função de interruptor elétrico. O princípio é o seguinte: depositada na junção de dois eletrodos metálicos, essa molécula é submetida a um campo elétrico que provoca a transferência de dois átomos de hidrogênio ao longo da molécula. Essa transferência modifica a estrutura eletrônica da molécula, isto é, a distribuição dos elétrons no interior dela. Por isso, sua condutância elétrica muda. Uma vez que, na nova configuração, ela é superior à da precedente, a corrente no circuito elétrico exterior deve aumentar. Sendo a transferência dos átomos reversível, essa molécula constitui um interruptor elétrico. Mas como ela é ainda menor que o retificador molecular de corrente, Aviram teve grande dificuldade para convencer seus colegas da IBM do interesse prático de seu trabalho.

Em 1986, ele percebeu o potencial do microscópio de tunelamento e compreendeu que sua finíssima ponta (a ponta termina com poucos átomos) poderia talvez servir de eletrodo ultraminiaturizado e ser conectada a uma única molécula. Foi durante esse período que fiz parte de sua equipe de pesquisa, na qual tentei estabelecer uma conexão entre a ponta e uma molécula. No início, fabricamos superfícies de ouro. Em seguida, dispersamos nela os interruptores moleculares. A superfície deve ser ultraplana, a fim de que defeitos comuns não se confundam com nossas moléculas. Aproximamos a ponta da superfície, mas deparamos com um problema: a ponta deriva e permanece em geral menos de um segundo na vertical de uma molécula. É bem rápido: se elétrons são transferidos entre a agulha e a molécula, a eletrônica de controle do microscópio de tunelamento não tem tempo de registrar o sinal. Modificamos então a eletrônica de controle para que ela registrasse o mais rapidamente possível o sinal eletrônico oriundo da molécula presente sob a ponta. E cruzamos os dedos, torcendo para que funcionasse.

Desta vez, a ponta ficou estabilizada o tempo suficiente acima de uma molécula para registrarmos suas características elétricas! Infelizmente, elas permaneceram banais e não se assemelhavam em nada àquelas do interruptor que esperávamos. Em vão passamos e repassamos a ponta, e detectamos onde estavam depositadas as moléculas: não obtivemos o salto de corrente característico de um interruptor. Finalmente, após uma preparação mais cuidadosa da ponta, o aumento do campo elétrico entre a agulha e a superfície provocou uma brusca mudança da intensidade da corrente: a corrente passou! Conseguimos fazer uma corrente elétrica passar através do nosso interruptor molecular.

Mas a euforia teve curta duração. Compreendemos que, na realidade, durante o experimento, alguns átomos de ouro foram arrancados da superfície e provocaram um curto-circuito na junção entre a ponta do microscópio e a superfície. O que tomamos por uma corrente resultante do fechamento do nosso interruptor molecular foi na verdade um curto-circuito atômico. Ainda seriam necessários dez anos de aperfeiçoamento do microscópio de tunelamento para que sua ponta viesse a ser conectada eletricamente a uma molécula. Naquele momento, era o único meio seguro de se conectar a uma molécula. Apesar de tudo, havíamos demonstrado com esse experimento que um microscópio de tunelamento podia servir para se conectar a alguns átomos. O experimento fez a eletrônica molecular entrar na era da nanotecnologia e renovou o interesse por esse domínio de pesquisa.

O homem desloca um átomo

Vários cientistas por muito tempo duvidaram da possibilidade de se conectar a uma molécula, isto é, de trocar elétrons com ela, e isso em virtude das propriedades quânticas dos elétrons. Quântico por essência, o comportamento dos elétrons nos arredores de uma molécula é aleatório. Como então seria possível dirigi-los? Ao emitir esses princípios, os arquitetos da mecânica quântica haviam pregado uma peça nos físicos experimentais. Da mesma forma, segundo Schrödinger, à medida que as propriedades físicas de um átomo são quânticas, é impossível localizar a onda associada a um átomo, e manipular um átomo como manipulamos um objeto sólido.

As primeiras imagens de um átomo de tungstênio, obtidas nos anos 1950 por Erwin Müller com a ajuda de um microscópio iônico de campo (*ver Anexo I*), já haviam deflagrado a primeira controvérsia científica. Alguns já pensavam que a teoria quântica da matéria era falsa! Outros, ao contrário, indagavam-se se as imagens obtidas por Müller não seriam provocadas por fenômenos parasitários ou por interferências.

No início dos anos 1970, alunos de Müller conseguiram fazer um átomo saltar de sítio em sítio sobre a ponta de um microscópio iônico de campo, sob efeito do campo elétrico e da temperatura da ponta. Eles acompanharam, quase ao vivo, na tela, a trajetória desse átomo passeando ao acaso sobre a superfície da agulha de tungstênio. Esse experimento deveria ter colocado um ponto final na controvérsia. Ele demonstrava que, apesar dos argumentos sugeridos por Schrödinger, podia-se detectar um átomo, e até mesmo vê-lo deslocar-se! Mas não aconteceu nada disso.

A controvérsia só chegou ao fim no inverno de 1989, graças ao trabalho obstinado de Donald Eigler, pesquisador dos laboratórios IBM de Almaden, na Califórnia. Eigler acabava de passar dois anos nos laboratórios Bell, na costa leste dos Estados Unidos, onde nascera o componente eletrônico emblemático, o transistor. Dera início à construção de um microscópio de tunelamento para observar como um gás raro como o xenônio interage com uma superfície metálica. Esse problema atormentava-o. Com efeito, em sua tese de doutorado na Universidade da Califórnia, em San Diego, ele utilizara gases raros, segundo uma técnica corriqueira que consiste em projetá-los sobre a superfície de um metal para estudar seu magnetismo, o que fornece informações sobre os elétrons de superfície do metal. Em Almaden, Eigler, empreendeu a construção de seu novo microscópio de tunelamento ultraestável e funcionando a temperatura muito baixa. Dedica três anos a isso. Em vez de projetar átomos de xenônio, tentou depositá-los na superfície e observá-los, sempre para estudar sua interação com uma superfície metálica. Os átomos de gases raros como o xenônio, sendo quimicamente muito estáveis, interagem pouco com a superfície e escapam. Don Eigler foi obrigado a esfriar a superfície a temperatura baixíssima para evitar essa fuga dos átomos.

Uma noite (quando as vibrações do prédio são mínimas), ele obteve imagens sequenciais numa mesma região da superfície do metal. A agulha varreu então essa superfície em contínuo, e, a cada varredura, a imagem obtida foi gravada. No dia seguinte, ele examinou, em ritmo acelerado, as imagens gravadas e percebeu que os átomos deslocaram-se de uma imagem para a outra, na direção da varredura. Repetiu o experimento e demonstrou que, dependendo dos valores de tensão e de corrente aplicados na ponta, ele obtinha ora uma imagem banal, ora uma imagem modificada, em que os átomos haviam se movido. Provou então que os átomos não tinham se deslocado por acaso durante a noite, mas que podiam ser manipulados à vontade e de maneira reprodutível, contra toda expectativa e na contracorrente dos preceitos quânticos. Para assinar sua proeza, Don Eigler escreveu a sigla "IBM", com a ajuda de 35 átomos de xenônio. Essa imagem deu a volta ao mundo e marcou o início da nanotecnologia: o homem acabava de "caminhar sobre o átomo".

O que havia acontecido sob a ponta? Comparemos o átomo de xenônio a uma bola de futebol colocada no gramado de um estádio. Essa bola está imóvel, pois encontra-se bloqueada pelas folhas da grama. Quando um jogador coloca o pé em cima dessa bola e exerce uma pequena pressão, ele a bloqueia sob sua chuteira. Pode então deslocar sua perna mantendo a pressão, a bola rola e segue seus movimentos. Trata-se da "técnica da pisada". Todavia, se o jogador exercer uma pressão muito forte, a bola escapa. O mesmo acontece com um átomo de xenônio sob a agulha de um microscópio de tunelamento. Para obter uma bela imagem de um átomo de xênon sem deslocá-lo, a agulha deve estar situada a mais de 0,2 nanometro (como se o pé do jogador passasse acima da bola). Porém, quando a agulha é mantida a menos de 0,2 nanometro acima do átomo, ela interage com ele, alterando sua interação com a superfície. O átomo "cai numa armadilha", e essa armadilha se desloca quando a agulha do microscópio de tunelamento se desloca.

Don Eigler fez em seguida diversos desenhos com átomos metálicos e até com pequenas moléculas, como seu "homem molecular", que media 5 nanometros de comprimento e foi feito com moléculas de monóxido de carbono. Sua técnica despertou cobiça no Japão. A direção da Hitachi solicitou que seus pesquisadores descobrissem um meio de escrever com átomos. Em vez de depositar átomos, um por um, sobre a superfície de um metal para desenhar letras, eles aperfeiçoaram outra técnica, que consiste em retirar átomos, um por um, da superfície de um semicondutor: os interstícios formam letras. À sigla "IBM", a Hitachi responde com "PEACE' 91 HCRL" (Hitachi Central Research Laboratory).

A técnica de manipulação de átomos descoberta por Don Eigler seria pura e simplesmente explorada politicamente no sentido de esboçar um grande programa de incentivo à pesquisa nos Estados Unidos, depois no Japão e no restante do mundo, como explicamos no Capítulo 1. Entretanto, até meados dos anos 1990, nenhum laboratório reproduzira o experimento de Don Eigler, pois nenhum outro laboratório possui um microscópio de tunelamento tão estável quanto o dele. Em seguida, graças às melhorias introduzidas por Gerhard Meyer, da Universidade Livre de Berlim, os microscópios de tunelamento capazes de manipular átomos por unidade passaram a ser comercializados (por cerca de 0,4 milhão de euros).

E, apesar de tudo, ela se move!

O trabalho pioneiro de Don Eigler suscitou novas questões. Por exemplo: é possível manipular grandes moléculas uma por uma? Como no caso dos átomos, a ponta pode "apertar" a molécula, capturando-a sob ela. Porém, no caso das moléculas, a energia de captura é dissipada pelas numerosas ligações químicas entre os átomos da molécula. Resultado: a molécula não se mexe ou escapa da ponta quando o operador do experimento aperta muito forte.

Eu e Jim Gimzewski, físico do laboratório de pesquisas da IBM em Zurique, sugerimos uma solução para esse problema. Gimzewski fazia parte do grupo de jovens físicos que a IBM estimulava a utilizar o microscópio de tunelamento em todos os domínios da física e da química de superfícies. A ferramenta, então recente, permitia observar fenômenos que se desenrolam sobre as superfícies dos metais e dos semicondutores, por exemplo, como um átomo de boro (utilizado para dopar os semicondutores) insere-se na rede cristalina do semicondutor e a deforma. O microscópio fornece imagens ricas de ensinamentos, além de soberbas: tratava-se, para a IBM, de não ficar para trás. Enquanto eu me empenhava em fazer uma corrente elétrica passar através de uma molécula, com Aviram, em Nova York, Jim obtivera em 1988 as primeiras imagens de uma grande molécula, uma ftalocianina (um pigmento) depositada numa superfície de prata (*ver Anexo I*).

Jim realizava seu trabalho com imagens de grandes moléculas, e eu o ajudava a compreender como se formavam essas imagens. Com efeito, o microscópio de tunelamento (*ver Anexo I*) utiliza a nuvem de elétrons que cercam os átomos, e não os átomos diretamente, para formar uma imagem. Ele fornece um sinal mais elevado quanto mais intensa for a transparência dessa nuvem eletrônica de elétrons que tunelam. Ele permite estabelecer uma cartografia dessa transparência, que é proporcional à condutância elétrica da junção-túnel (ponta-molécula-superfície). Não é trivial transformar essa cartografia na imagem de síntese que seria a "fotografia da molécula". É inclusive muitas vezes complexo deduzir dessa cartografia a morfologia da molécula, ou mesmo simplesmente reconhecê-la.

Por exemplo, em 1995, estudávamos uma grande molécula, a porfirina, da qual obtivemos as cartografias de condutância, mas sem compreender exatamente a que elas correspondiam. Jim gravava as imagens com Thomas Jung, um jovem físico então membro do grupo, e eu fazia os cálculos para interpretá-las. Em abril, recebi um e-mail de Thomas: "Ela se move!"

Pouco tempo antes, havíamos decidido, com Jim, introduzir um parâmetro suplementar no experimento e elevar um pouco o corpo da molécula acima da superfície para modificar sua interação com esta. Perguntávamo-nos então como isso influenciaria a cartografia de condutância, e realizávamos novos experimentos com uma molécula de porfirina equipada com quatro pés moleculares que a alçavam 0,4 nanometro acima da superfície. Thomas devia realizar uma série de imagens dessas moléculas com patas. Como Don Eigler não conseguiu ficar a noite inteira em frente à tela do computador para acompanhar as imagens umas depois das outras, decidiu gravá-las. Pela manhã, repassando as imagens aceleradamente, percebeu que algumas moléculas com patas haviam se deslocado seguindo a direção da varredura. E me enviou sua mensagem. Havíamos descoberto como a ponta do microscópio pode fazer uma grande molécula mover-se: é preciso equipá-la de patas e empurrá-la corretamente com a agulha. A ideia pode parecer banal. Porém, no início dos anos 1990, ninguém sabia se podíamos ou não aplicar a um objeto de menos de um nanometro os mesmos conceitos de mecânica empregados na escala macroscópica. Impregnados como estávamos dos princípios da mecânica quântica, não ousávamos utilizar a mecânica clássica na escala do nanometro, sobre uma única molécula.

Entretanto, essa molécula avança efetivamente obedecendo às leis da mecânica clássica. Demonstramos por simulação numérica que, contanto que os pés sejam suficientemente altos e a ponta esteja na altura correta para interagir principalmente com a parte central da molécula, uma parte da energia fornecida pela agulha para empurrar não se dilui na molécula, mas a faz avançar. Isso exige um grande controle da altura da agulha. Além disso, para deslocar uma molécula, não é mais necessário esfriar a superfície metálica, como no caso dos átomos de xênon. Com efeito, os pés da molécula interagem suficientemente em quatro pontos da superfície para que ela permaneça comportadamente no lugar, sem fugir, mesmo na temperatura ambiente.

Desde então, um grande número de moléculas foi empurrado e deslocado sobre superfícies metálicas ou semicondutoras. A técnica de manipulação das moléculas está agora dominada. Mas outras questões se colocam: a manipulação de átomos e moléculas é possível na superfície de um material isolante? De fato, na superfície de um metal ou de um semicondutor, a ponta, a molécula e a superfície agem entre si. A superfície contribui então para a armadilha, quando a ponta captura o átomo ou a molécula. Sobre uma superfície isolante, essas interações não existem mais, e a armadilha não funciona. Inúmeras equipes estudam essa questão apostando em interações mais fracas (chamadas de Van der Waals). A questão seguinte é mais futurista: por ora, as manipulações atômicas e moleculares estão limitadas às duas dimensões de uma superfície, mas seria um dia possível descolar uma molécula da superfície e movê-la à vontade em todas as direções? Esperando poder manipular um átomo à vontade no espaço, a ponta do microscópio de tunelamento já constitui um sésamo para explorar as leis que reinam no mundo "lá embaixo". A manipulação atômica permite realizar experimentos inéditos de física, por exemplo, de eletricidade ou mecânica, sobre uma única molécula.

Os primeiros experimentos de nanofísica

Na escala macroscópica, um interruptor elétrico compreende em geral uma peça metálica móvel munida de uma mola estabilizadora. Ao se deslocar, essa peça põe em contato dois fios elétricos. No mundo "lá embaixo", a menor peça basculante possível é um átomo. Em 1987, Aviram já sugerira um interruptor molecular, e havíamos tentado o primeiro experimento de conexão elétrica sobre essa molécula. Em vez de uma molécula conectada que deve mudar de forma para deixar a corrente passar, Don Eigler propôs, em 1993, fazer algo mais simples e utilizar um único átomo de xenônio como peça para fazer o contato. Ele controlou seu deslocamento aplicando uma tensão de alguns volts entre a ponta e a superfície: o átomo vai e vem à vontade sob a ponta. Quando está ausente, a intensidade da corrente é muito fraca: o interruptor então está aberto. Quando o átomo se desloca sob a ponta, a intensidade da corrente elétrica é multiplicada por 50: o interruptor está fechado. Como esse movimento é reversível, o dispositivo é o primeiro interruptor atômico do mundo. Dez anos mais tarde, Francesca Moresco, da Universidade Livre de Berlim, também fabricou um interruptor com uma molécula que funciona como uma peça que se desloca para fazer o contato. Com relação a um átomo, o interesse em utilizar uma molécula está em controlar a força de tensão: segundo a estrutura química dessa molécula, suas interações com a superfície são modificadas, e ela se desloca mais ou menos rapidamente.

O experimento seguinte da nanofísica diz respeito à conexão elétrica de uma molécula. Em 1987, havíamos definido, com Ari Aviram, um procedimento experimental para conectar um interruptor molecular. Moléculas são espalhadas sobre uma superfície metálica que serve de primeiro eletrodo de contato. O operador aproxima a ponta do microscópio de tunelamento de uma dessas moléculas. A ponta serve de segundo eletrodo. É preciso então descer lentamente essa ponta na direção da molécula para estabelecer o contato elétrico. Mas como saber quando foi estabelecida a conexão entre a ponta e a molécula?

À medida que a ponta desce, ela deforma a molécula. Muito baixa, ela esmaga a molécula. Na realidade, a corrente que passa pela molécula aumenta à medida que ela se deforma: o contato elétrico com uma molécula é estabelecido quando a corrente é máxima sem que a forma nem a estrutura eletrônica da molécula sejam alteradas. Toda a sutileza consiste em firmar um compromisso entre uma corrente máxima e uma deformação mínima. É necessário um controle absoluto da altura da agulha, o que só foi conseguido em meados dos anos 1990. Jim Gimzewski e eu tentamos então novamente conectar a ponta com uma molécula; desta vez, de fulereno (uma molécula de 60 átomos de carbono em forma de bola de futebol). O experimento é o seguinte: havíamos depositado algumas moléculas de fulereno na superfície de um cristal de ouro. Aproximamos progressivamente a ponta acima de uma dessas moléculas e registramos a corrente no circuito elétrico formado pela superfície de ouro, a molécula de fulereno e a ponta, em função da altura da ponta. Após uma variação regular da intensidade dessa corrente, observamos um brusco aumento quando a agulha se situava a 1,1 nanometro da superfície. Erguendo ligeiramente a ponta para se situar precisamente no limiar dessa mudança de regime, temos certeza de que a molécula não está deformada e que o contato elétrico está estabelecido: realizamos pela primeira vez uma conexão elétrica com uma única molécula.

Estabelecida essa conexão, medimos a resistência elétrica da molécula. Essa "resistência elétrica" só é definida em relação aos eletrodos, isto é, à superfície e à ponta, e não é intrínseca à molécula. Um ano mais tarde, Don Eigler utilizaria o mesmo princípio para medir a resistência elétrica do menor fio vertical do mundo, constituído por dois átomos de xenônio. Estavam lançados os experimentos de eletricidade baseados em alguns átomos ou em uma única molécula.

A mecânica de uma molécula

Passemos aos primeiros experimentos de mecânica realizados com uma única molécula. Já havíamos descrito como empurrar uma molécula com a ponta do microscópio de tunelamento. Em 1998, esse experimento iria inaugurar a era da "nanomecânica". Mas voltemos um pouco atrás.

No final dos anos 1960, Paul Boyer, bioquímico norte-americano, sugeriu que uma proteína pode mudar de forma graças a um movimento de rotação de uma de suas partes. Assim, no mundo "lá embaixo", uma macromolécula pode girar absolutamente sozinha. Logo, não seria possível fazer um dispositivo mecânico? Em 1997, o japonês Kazuhiko Kinoshita e sua equipe conseguiram observar essa rotação, numa tela, após terem fixado um marcador fluorescente na parte rotatória da proteína. A proposta de Boyer e a observação de Kinoshita referem-se a moléculas compostas de milhares de átomos, mas por que não observar também movimentos de rotação de uma única pequena molécula?

Nessa época, estudávamos com Jim Gimzewski como moléculas de decacicleno relativamente planas agregam-se na superfície de um cristal de cobre. A molécula de decacicleno é feita de um benzeno central (hexágono plano) ao qual estão ligadas seis pequenas "patas". Nossa ideia inicial era continuar a exploração das condições de obtenção das imagens de uma molécula em função da distância do corpo da molécula na superfície. As patas da molécula de decacicleno são mais curtas que os pés da nossa primeira porfirina. Nosso experimento consiste em evaporar moléculas suficientes sobre a superfície para cobri-la com uma única camada compacta, em que todas as moléculas têm seu lugar numa estrutura bastante regular. Todavia, nem sempre as moléculas organizam-se perfeitamente sobre toda a superfície: há falhas em alguns lugares. Por exemplo, uma molécula está ausente ou uma outra deslocada. Essas lacunas criam pequenos espaços, entre os quais alguns têm mais ou menos as dimensões de uma molécula. O que faz uma molécula da camada nas proximidades desse pequeno espaço vazio? Às vezes ela se desloca por ele como se fosse para explorá-lo.

A sorte irá nos sorrir, pois, em alguns desses espaços, a molécula ocupa mais espaço do que na posição inicial, embora situada com as outras. Ela então começa a girar sobre si mesma como uma pequena roda de 1,2 nanometro de diâmetro. A energia necessária à rotação provém da energia térmica da superfície, mantida na temperatura ambiente. Graças a esse experimento, realizamos pela primeira vez a imagem de uma única molécula em rotação. Passado o primeiro deslumbramento, sofisticamos o experimento e descobrimos os parâmetros que controlam a rotação.

Após várias semanas de pesquisa, Jim Gimzewski e seu colega Reto Schlittler demonstraram ser possível pôr a molécula em rotação e bloqueá-la à vontade com a ponta. Também explicamos a física do fenômeno. Na verdade, essa roda molecular funciona como uma engrenagem. Quando está situada na beirada do interstício, quatro de seis patas engrenam-se às moléculas vizinhas e a molécula não gira. Empurrando-a 0,25 nanometro, ela se vê no espaço vazio do interstício. Suas quatro patas são liberadas e ela começa a girar sobre si mesma. É preciso que o espaço seja suficientemente grande para que ela possa girar, mas não muito, caso contrário um processo de propagação lateral superpõe-se à rotação.

Para compreender o modo de rotação dessa molécula, registramos as variações da corrente túnel quando a ponta está posicionada no lugar exato em que uma de suas patas passa quando a molécula gira. Esperávamos que a corrente oscilasse sobre a tela do osciloscópio no ritmo da passagem dessa pata sob a agulha. Infelizmente, em temperatura ambiente, nossa roda molecular girava rápido demais e não víamos nada. Com nossos colegas da Universidade Livre de Berlim, concebemos e depois sintetizamos uma outra molécula, que, desta vez, comportava seis dentes mais compridos: tratava-se de uma verdadeira roda dentada de 1,2 nanometro. Marcamos quimicamente um dos seis dentes modificando ligeiramente sua composição e conseguimos observar a rotação dessa molécula: ela gira passo a passo, à vontade, num ângulo de 60°, ao longo de uma cremalheira igualmente feita de moléculas.

Em 2001, repetimos, com Francesca Moresco e Gerhard Meyer, o experimento da ftalocianina munida de quatro patas que se desloca, empurrada pela ponta, e registramos em tempo real as variações da corrente entre a ponta e a superfície. No osciloscópio, observamos amplas oscilações regulares de um período de 0,25 nanometro, o que indicava que a molécula deslocava-se de sítio em sítio na superfície do cobre. No interior dessas grandes oscilações, estavam presentes outras menores. Elas correspondem ao movimento alternado das duas patas "dianteiras", as dirigidas no sentido do deslocamento (as patas "traseiras" estão bloqueadas pela ponta)! Quando a molécula é empurrada, é como se rastejasse na superfície, deformando alternadamente uma pata, depois a outra. Essa deformação modifica ligeiramente a estrutura eletrônica da molécula. Em virtude disso, a corrente que passa através da junção formada pela superfície, a molécula e a agulha varia no ritmo do movimento das patas da frente. Assim, para dirigir-se ao sítio adjacente, a molécula desloca uma pata depois da outra, em vez de duas patas ao mesmo tempo, como se caminhasse.

Todos os experimentos descritos até o presente podem ser compreendidos com a ajuda de leis bem conhecidas da física. Mas eis um experimento cuja explicação ainda está para ser descoberta. Don Eigler prosseguiu seus experimentos com átomos de xenônio na superfície de um metal. Fez passar uma "forte" corrente elétrica através de um átomo. O que aconteceu? Na nossa escala, quando uma corrente elétrica atravessa uma amostra de matéria, ela a aquece. Trata-se do efeito Joule, que é aproveitado nas calefações elétricas. Don Eigler observou que quando uma forte corrente atravessa um átomo de xenônio o átomo salta seja sobre a ponta, seja mais adiante na superfície. A probabilidade do salto depende da intensidade da corrente. Enquanto no efeito Joule, na nossa escala, a potência dissipada num material varia com o quadrado da intensidade da corrente, a probabilidade do salto do átomo varia aqui com a potência cinco da intensidade da corrente. Ninguém ainda encontrou uma explicação para essa diferença nem para a origem dessa potência cinco. Wilson Ho, da Universidade de Irvine, na Califórnia, debruçou-se sobre uma questão similar. Estudou a probabilidade de pôr em rotação uma pequena molécula de acetileno sobre uma superfície metálica em função da corrente. Ao aumentar a intensidade da corrente, ela começa a girar e a saltar de sítio em sítio, com uma probabilidade que depende igualmente da intensidade da corrente túnel aplicada. Don Eigler e Wilson Ho demonstraram que as moléculas obedecem, nesse caso, a leis físicas sem equivalente no mundo macroscópico nem na escala mesoscópica...

Do interesse de permanecer "lá embaixo"

Os experimentos de nanofísica praticados sobre um único átomo ou sobre uma única molécula multiplicaram-se a partir do início dos anos 1990. Eles permitem examinar diretamente o mundo "lá embaixo" e estudar fenômenos físicos observáveis com o mínimo de matéria possível. Nesses experimentos, basta um único átomo ou molécula. A dificuldade toda está em adaptar — muitas vezes reinventar — o instrumento de medida adequado. Não é mais a amostragem que se adapta a uma técnica de medida já existente, mas o contrário: o instrumento de medida adapta-se ao tamanho do objeto no qual uma medida é realizada. Assim, um instrumento mede outro aparelho de medida menor que ele, e assim por diante, como num jogo de bonecas russas, até a escala de uma molécula.

Esses experimentos dão origem a um novo campo de conhecimento e a um novo projeto científico. O primeiro objetivo desse projeto é estimular a realização de dispositivos experimentais construídos átomo por átomo ou com uma única molécula. Estes nada têm a invejar de sua versão macroscópica. Alguns inclusive tornaram-se dispositivos "epistemológicos", isto é, analisam novamente as leis da física tais como as conhecemos hoje. Daremos alguns exemplos disso no próximo capítulo.

O objetivo seguinte é mais fundamental. Ao fabricar dispositivos numa escala quântica, os físicos esperam levantar um lado do véu que ainda oculta o mundo quântico. Neste início do século XXI, portanto, estamos em condições de perceber de uma nova maneira a estrutura da mecânica quântica. Será que isso se traduzirá no nascimento de uma nova ciência? Surgirão novas leis da manipulação da matéria átomo por átomo? Ao longo dos séculos, surgiu um grande número de novas práticas experimentais, mas pouquíssimas ciências nasceram. Se um novo fenômeno viesse a se manifestar na explicação do mundo "lá embaixo" que as leis quânticas não pudessem explicar, nasceria então uma nova ciência: a ciência na escala do nanometro, ou nanociência. Caso contrário, para que inventar uma palavra nova para definir o campo dos conhecimentos técnicos inaugurado pela nanotecnologia?

4.

MONUMENTALIZAR

Ao permitir a construção de dispositivos que só funcionam com uma única molécula ou alguns átomos, a nanotecnologia dá início a uma verdadeira inversão da tecnologia que vai na contracorrente de nossa ancestral tendência à miniaturização. Esses minúsculos dispositivos despertam o entusiasmo dos cientistas que procuram compreender sua nanofísica. Será possível irmos mais longe e, no futuro, enveredarmos por um novo caminho a fim de expandir a molécula, aumentar seu número de átomos, até transformá-la, por exemplo, numa máquina de calcular ou numa máquina mecânica? Dessa forma estariam resolvidos os problemas de miniaturização da microeletrônica ou da micromecânica: tudo estaria na molécula, e a molécula seria a máquina. Daí o nome de máquinas moleculares atribuído a essas moléculas monumentais — e cada vez mais monumentais à medida que aumenta a complexidade da máquina que elas encarnam.

Para entrar em "monumentalização", convém primeiro determinar o número de átomos necessários ao funcionamento de uma máquina como um motor, um emissor-receptor ou uma calculadora. Em seguida devemos conceber essa máquina molecular, que deve ser dotada de partes que estabilizem sua estrutura e outras que exerçam uma função. Por fim, imaginar meios técnicos para lhe transmitir ordens, energia ou permitir uma troca de informações.

Essa ideia de monumentalização nasceu no início dos anos 1980, quando Forrest Carter, um químico do NRL (Naval Research Laboratory) vislumbrou o conceito. Ele trabalhava com polímeros condutores, grandes moléculas em forma de fios que, agrupadas num material, formam plásticos que conduzem a eletricidade. Ao estudar essas longas moléculas, Forrest Carter constatou que a eletrônica molecular imaginada por Ari Aviram, em que cada componente de um circuito eletrônico seria reduzido a uma molécula única, ia chocar-se diretamente contra a mesma muralha tecnológica que a eletrônica dos transistores do final dos anos 1950. Os circuitos eletrônicos eram então aglomerados componente a componente, e parecia improvável um dia a conexão dos milhões de elementos necessários à fabricação de um computador. Jack Kilby pôs fim a esse problema inventando o circuito integrado, em 1958.

Forrest Carter compreendeu da mesma forma que seria impossível agrupar milhões de componentes moleculares para constituir um circuito eletrônico, ainda mais que, num circuito desse tipo, as interconexões continuariam sendo fios metálicos, e que cada componente molecular deveria ficar afastado de seu vizinho pelo menos uma dezena de nanometros. Sem isso, os efeitos quânticos perturbariam o funcionamento do circuito. Nessas condições, as pontes de conexão ocupariam um lugar considerável: para que se esforçar em transformar uma molécula em componente se com isso o circuito não se torna reduzido no final?

Da mesma forma que Jack Kilby resolveu o problema das conexões de componentes eletrônicos inventando o circuito integrado, Forrest Carter propôs uma solução para o problema das conexões dos componentes moleculares imaginando, em 1984, um "circuito molecular integrado" no qual não bastava se contentar em reduzir cada componente a uma única molécula, mas encarnar o circuito inteiro nela. Assim, ele passou da ideia de molécula componente à de circuito molecular. Com ele, uma única molécula tornou-se um circuito eletrônico completo. Carter então começou a desenhar moléculas monumentais, que são verdadeiros circuitos eletrônicos, isto é, integram ao mesmo tempo os componentes eletrônicos e os fios de interconexão. Indignação dos físicos e estupor dos químicos! Na época, hesitava-se em admitir que uma única molécula pudesse tornar-se um componente eletrônico. Uma molécula *a fortiori* deveria constituir um circuito por si só!

Apesar de tudo, Forrest Carter recebeu o apoio de alguns biotecnólogos da Califórnia, entre eles Kelvin Ulmer, da empresa Genex, que já se viam a programar geneticamente bactérias não para fabricar proteínas, mas diretamente circuitos eletrônicos moleculares, segundo demanda. Na França, as empresas Roussel-Uclaf e Elf Aquitaine, bem como o Instituto Pasteur, estavam dispostas a dominar essa tecnologia. Já haviam enviado emissários, entre eles Joël de Rosnay, na época diretor de pesquisas aplicadas no Instituto Pasteur,[1] ao I Congresso de Eletrônica Molecular, organizado por Forrest Carter, antes de julgar essa pesquisa muito incerta. É verdade que a conexão da molécula com contatos metálicos, para ligá-la ao mundo macroscópico e trocar com ela informações ou energia, parecia um problema sem solução. Entretanto, no final dos anos 1980, Ari Aviram associou-se à ideia de circuito molecular e dirigiu parte de suas pesquisas para esse novo caminho: a eletrônica molecular.

Ao mesmo tempo, máquinas moleculares mecânicas complexas, à base de engrenagens moleculares, por exemplo, começavam a ser concebidas por Eric Drexler. Ele desenhou diversos exemplares no computador, integrando os progressos realizados em modelização molecular. Mas essa etapa da monumentalização desenrolou-se independentemente dos químicos, e essas máquinas moleculares permaneceram virtuais. Mais tarde, com a descoberta do microscópio de tunelamento (que permite manipular moléculas), os químicos reprojetaram essas moléculas concebidas em computador e reduziram sua complexidade a fim de investigar os processos de sua síntese e materializá-los.

O advento dos dispositivos moleculares

Após havermos apresentado o surgimento do conceito de molécula monumental e as primeiras máquinas moleculares virtuais, passemos agora aos primeiros dispositivos moleculares realizados. Não se trata ainda de calculadoras, mas de dispositivos já capazes de efetuar medidas no mundo "lá embaixo". Para começar, abra um livro de física de meados do século XX. Ele apresenta engenhosos dispositivos experimentais destinados a estudar fenômenos físicos ainda mal compreendidos. Medem, por exemplo, a condutividade de um semicondutor em função da temperatura ou a amplificação de um sinal elétrico graças a um pedaço de acrílico metalizado mantido na superfície de um semicondutor (princípio do transistor). Invertendo a tecnologia de fabricação, a nanotecnologia permite escrever um novo livro, em que cada montagem até então é substituída por nova molécula, que se torna ao mesmo tempo o dispositivo experimental e o objeto do experimento.

Um fio...

O primeiro dispositivo molecular fabricado para realizar um experimento de física é um fio molecular equipado com quatro patas moleculares. André Gourdon, do Centro de Elaboração de Materiais e de Estudos Experimentais (Cemes), em Toulouse, e eu concebemos um modelo em 1997. Demos-lhe o apelido de *Lander*, pois ele também nos fazia pensar no pequeno robô *Sojourner* da sonda *Mars Pathfinder* que a Nasa acabara de pousar em Marte naquele verão. André conseguiu sintetizá-lo pouco tempo depois.

O objetivo desse experimento era medir a condutância elétrica do fio molecular. Ele foi montado sobre quatro pés moleculares para erguê-lo, evitando assim que tocasse a superfície metálica, o que teria criado correntes de fuga. A ponta do microscópio de tunelamento pode facilmente manipular esse fio de patas sobre uma superfície metálica plana. Em contrapartida, não é simples estabelecer contatos elétricos em suas duas extremidades. É aí que se concentra toda a dificuldade. Para resolvê-la, ocorreu-nos explorar uma propriedade da elaboração das superfícies metálicas. É bem verdade que durante sua preparação, fases de recozimento alternam com fases de desbaste, o que gera grandes terraços planos. Otimizando a temperatura de preparação, é possível formar terraços de uma centena de nanometros que terminam num degrau cuja altura é a de uma camada de átomos. Com a ajuda do microscópio de tunelamento, esses degraus são fáceis de localizar. A ideia então consiste em posicionar, com a ponta do microscópio, o fio molecular perpendicularmente a um degrau, depois empurrá-lo até que sua extremidade se situe acima do degrau e se curve, estabelecendo o contato elétrico desejado. A segunda conexão é realizada com a agulha do microscópio de tunelamento, que é preciso posicionar exatamente na extremidade oposta do fio molecular.

Nesse experimento, a superfície metálica constitui a mesa de apoio, a molécula é o dispositivo experimental que permite posicionar o fio molecular para medir sua resistência, e a ponta do microscópio transforma-se numa extensão do dedo do físico. Foi Jim Gimzewski que, em seu laboratório de pesquisas da IBM em Zurique, manipulou o *Lander* pela primeira vez em 1998. Conseguiu conectá-lo, como previsto, a um degrau e medir a resistência elétrica do contato entre o degrau e a ponta do fio molecular. Essa resistência é bastante elevada, excessiva para propiciar uma boa passagem de eletricidade no fio. O contato é ruim — em função dos pés, que mantêm o fio muito alto em relação ao degrau e do grupamento químico na ponta do fio molecular que não é suficientemente extenso para garantir uma boa interação eletrônica. Ao modificar sua composição química, conseguimos dividir a resistência de contato por dez. Pretendemos reduzi-la ainda mais encurtando os pés da molécula, e procuramos soluções para estabelecer o contato na outra ponta do fio, o que permitiria medir sua resistência com precisão.

Um amperímetro...

Um dispositivo molecular mais complexo foi concebido em seguida. Trata-se de um amperímetro molecular, isto é, uma molécula capaz de medir a intensidade de uma corrente passando, por exemplo, num fio molecular. Esse amperímetro molecular deve ser conectado a um eletrodo metálico em cada extremidade. O princípio é o seguinte: uma corrente elétrica atravessa a parte principal, ao longo da qual foi incorporado um pequeno grupamento químico rotativo. Quando um elétron é transferido de um eletrodo a outro através da molécula, uma ínfima quantidade de energia sempre se dissipa no fio molecular. Isso basta para aquecer progressivamente o grupamento rotativo e modificar sua orientação. O ângulo de rotação pode ser determinado graças a um terceiro eletrodo colocado do lado que estimula o grupamento rotativo com uma medida de corrente túnel. O operador do microscópio deduz, a partir da medida do ângulo de rotação, a intensidade da corrente elétrica que passa pela parte molecular principal.

Esse amperímetro molecular deve ser equipado com pés a fim de pairar acima da superfície e permitir ao pequeno grupamento rotativo girar. Portanto, necessita de três contatos elétricos. O ideal seria fabricar, com uma precisão atômica, dois pontos de contato metálicos na superfície do sólido e empurrar a molécula para conectar esses pontos (o terceiro contato sendo estabelecido com a ponta do microscópio), mas essa tecnologia ainda não existe. Ela é objeto de intensas pesquisas e não deverá tardar a surgir, pois é igualmente indispensável para a elaboração das "moléculas de cálculo", moléculas capazes de adicionar ou subtrair dois números, como veremos adiante.

O primeiro transistor fabricado no início dos anos 1940 demonstrara que um dispositivo de estado sólido podia amplificar um sinal elétrico. Cinquenta anos depois, na sequência dos trabalhos precursores de Ari Aviram e Mark Ratner, a questão proposta pela eletrônica molecular era saber se uma única molécula também amplificava um sinal elétrico. Nesse sentido, os pesquisadores interessados em eletrônica molecular testavam recursos de estruturas moleculares que fossem aptas a vencer esse desafio. Em 1997, Jim Gimzewski e eu demos a resposta a essa pergunta demonstrando que uma única molécula pode efetivamente amplificar um sinal elétrico. Isso não iria destronar a microeletrônica, mas representava um grande avanço para nós.

Fizemos uma montagem elétrica em que uma molécula de fulereno é colocada sob a ponta de um microscópio de tunelamento. Sabíamos que, quando a ponta comprime ligeiramente essa molécula, sua resistência reduz-se rapidamente. Uma pequena variação de um parâmetro (aqui, a distância entre a ponta e a superfície) induz uma grande variação de outro parâmetro (no caso, a resistência da molécula). Utilizamos esse efeito para obter um dispositivo amplificador, em que a tensão de saída é quatro vezes mais elevada que a tensão de entrada.

Pretendíamos em seguida associar um grande número desses dispositivos em série e em paralelo, para formar um verdadeiro circuito eletrônico capaz, por exemplo, de efetuar cálculos. Infelizmente, as resistências elétricas necessárias ao funcionamento de cada amplificador molecular, bem como os fios de interconexão, não são moleculares. As interconexões são inclusive macroscópicas, situando-se fora da região que abriga o microscópio de tunelamento. Bem que tentamos miniaturizá-las para fazê-las entrar na cápsula, mas era trabalho perdido. Então, em vez de procurar reduzir o dispositivo cercando a molécula, mudamos nossa arma e desistimos da ideia da eletrônica molecular híbrida, constituída de componentes moleculares e componentes microscópicos. Perguntamo-nos então se não seria possível "engordar" a molécula a fim de que ela incorpore todas as resistências e os fios de conexão necessários à constituição de um circuito elétrico completo. Dessa forma, acabávamos de entrar na "monumentalização".

Essa ruptura com a ideia histórica de uma eletrônica molecular híbrida nos desviava para o caminho de Forrest Carter. Não foi sem dificuldade que abandonei essa eletrônica molecular à qual dedicara quase 20 anos de pesquisas desde o final dos anos 1970. Mas outros prosseguem nessa trilha e estudam numerosas moléculas de pequeno porte, que, uma vez depositadas na superfície de um metal ou de um semicondutor, apresentam diversas orientações (de energia quase equivalente). Elas constituem interruptores "naturais". Na verdade, é fácil, com a ponta de um microscópio de tunelamento, passar de uma orientação para outra e assim realizar, com uma única molécula, um comutador. Porém, por mais atraentes que sejam esses componentes moleculares, sua montagem num circuito choca-se com o problema que encontramos com nosso amplificador molecular. Passamos a focalizar nossa atenção na nova questão que aparece claramente à nossa frente: qual é a potência de cálculo de uma única molécula comparada àquela de um circuito feito de um complexo de moléculas agregadas?

Essa ideia de uma nova eletrônica molecular totalmente integrada numa única molécula libertou os pesquisadores do preconceito segundo o qual uma molécula só podia constituir, no máximo, um pequeno dispositivo. Além disso, abriu-lhes o horizonte ao fazê-los considerar que uma molécula podia exercer funções muito mais complicadas. Veremos adiante que essa ruptura escondia outra, mais profunda, de natureza quântica. Seja como for, lancei-me na trilha dos dispositivos moleculares cada vez mais complexos, como a molécula-morse.

E oscila

Um manipulador Morse é um pequeno dispositivo bem conhecido dos amantes de filmes de faroeste: um operador, com o quepe enfiado na cabeça, aperta freneticamente uma tecla a fim de enviar uma mensagem codificada à estação seguinte através das linhas do telégrafo. Na prática, um manipulador Morse é constituído de uma pequena peça metálica oscilante, munida de uma tecla numa extremidade e de uma mola estabilizadora na outra. O operador pode, assim, fechar à vontade um circuito elétrico e enviar um sinal codificado constituído de uma série de pulsos longos e curtos.

Uma molécula foi recentemente concebida para realizar a função de um manipulador Morse. A peça oscilante é um braço molecular mantido paralelo à superfície. Uma extremidade é fixada por uma ligação química (desempenhando o papel de mola estabilizadora) com uma molécula de quatro patas, que serve de plataforma central. A outra extremidade é suspensa no vazio: é sobre ela que o operador vai tocar a ponta de seu microscópio de tunelamento.

Essa molécula, de menos de 1,5 nanometro de comprimento, é um dos dispositivos moleculares mais complexos concebidos até hoje, e sua síntese química poderia durar vários anos. Ela só pode funcionar sobre uma superfície metálica: quando o pequeno grupamento químico na extremidade livre da peça oscilante aproxima-se da superfície, ele modifica localmente seu estado eletrônico e provoca uma modulação de sua densidade eletrônica, que é possível detectar um pouco mais adiante na superfície.

Não apenas a molécula serve de laboratório: experimentos também são realizados com átomos dispostos sobre uma superfície. Seu número pode ser elevado, mas não mais que o estritamente necessário à realização do dispositivo experimental. Assim, Don Eigler realizou um experimento de magnetismo atômico numa área elíptica construída com a ajuda de 36 átomos de cobalto, manipulados um por um com a agulha de seu microscópio de tunelamento na superfície de um cristal de cobre. Esses átomos têm a propriedade de refletir as ondas quânticas associadas aos elétrons que circulam livremente na superfície do cobre. Seu comprimento de onda, 1,5 nanometro, permite observar suas interferências dentro da elipse medindo alguns nanometros de comprimento. Com seu microscópio de tunelamento, Don Eigler obteve imagens dessas interferências mostrando uma sucessão de círculos concêntricos. Essas imagens deram a volta ao mundo. Elas demonstram de maneira espetacular o caráter ondulatório dos estados eletrônicos na superfície de um metal. Don Eigler deu sequência a seu experimento instalando um átomo magnético com a ponta do microscópio em um dos focos dessa elipse atômica. Observou um eco magnético... em outro foco, quando sequer havia átomo nesse segundo foco. Trata-se de um magnífico efeito de miragem magnética, transmitida de um foco para outro da elipse por intermédio da nuvem eletrônica da superfície metálica. Claro, é possível realizar esse experimento em todas as escalas com luz ou ondas sonoras. É preciso apenas escolher um ressonador de forma elíptica cujas dimensões sejam adaptadas aos comprimentos de onda utilizados.

Os dispositivos moleculares mecânicos

Passemos à mecânica. As moléculas que servem de dispositivos mecânicos devem embutir todas as peças necessárias a seu funcionamento. São, portanto, mais complexas que os dispositivos moleculares que acabamos de descrever, pois possuem necessariamente diferentes partes mecânicas (que devem ser mantidas por ligações químicas fortes). Em 2001, concebemos uma carroça molecular com braços, apelidada de "carrinho de mão molecular", que mede 1,2 nanometro de comprimento. É equipada com duas rodas moleculares na frente, de 0,7 nanometro de diâmetro, fixadas sobre um eixo, e dois pés atrás, como os pés de um carrinho de mão. Enfim, duas pequenas alças atrás servem de manetes. É exatamente nesse local que a ponta do microscópio de tunelamento deve empurrar. Esses carrinhos de mão foram sintetizados por Gwenaël Rapenne no Cemes, em Toulouse, depois Leonhard Grill e Francesca Moresco, da Universidade Livre de Berlim, encarregaram-se da "fase de lançamento" e manipulação desses carrinhos de mão. A fase de lançamento consiste em vaporizar as moléculas, geralmente condicionadas sob forma de pó num pequeno cadinho. Esse cadinho é normalmente aquecido entre 150°C e

250°C e disposto de tal forma que uma parte das moléculas se deposite na superfície. Mas ele deve ser aquecido entre 350°C e 450°C para vaporizar moléculas volumosas como os carrinhos de mão moleculares. Nessas condições, cerca de 95% desses carrinhos de mão moleculares são destruídos ao deixar o cadinho ou chegar à superfície. Dentre os resíduos moleculares sobre a superfície, surgiram novas moléculas, compostas de duas, três ou quatro rodas. Algumas são ligadas por um eixo muito mais curto que o eixo inicial: são "carrinhos de mão" avariados e, de alguma maneira, recompostos. Com efeito, ao atingirem altas temperaturas, os fragmentos de carrinhos de mão moleculares espalham-se aleatoriamente sobre a superfície e reagem para formar novas pequenas moléculas.

Felizmente, um bom número de carrinhos de mão moleculares chega intacto à superfície. Tentamos empurrar um por trás com a ajuda da agulha do microscópio de tunelamento a fim de pôr em rotação suas duas rodas da frente. Trabalho perdido! De fato, após várias tentativas, observamos que os pés se inclinavam, mas as duas rodas da frente não giravam. Mais tarde compreendemos que suas rodas interagem muito intensamente com a superfície metálica. Esse fracasso ilustra nossa dificuldade em nos desvencilharmos das máquinas do nosso mundo macroscópico para conceber dispositivos moleculares mecânicos.

Nesse ínterim, James Tour, professor de química na Universidade Rice, no Texas, se engajou no estudo de um carro molecular, sintetizando um nanocarro molecular de um comprimento de 1,5 nanometro. É equipado com quatro rodas, cada uma delas confeccionada com uma única molécula de fulereno. Cada roda é ligada a um pequeno eixo molecular idêntico ao do carrinho de mão molecular. Esse carro molecular pode ser manipulado com a ponta de um microscópio de tunelamento, mas, para fazê-lo avançar, o mais fácil é aquecer a superfície metálica de ouro em que ele foi depositado: a energia térmica da superfície permite-lhe passar espontaneamente de sítio em sítio atômico. O carro molecular circula então aleatoriamente sobre a superfície. Porém, tampouco neste caso as rodas giram. Como a intensidade da corrente túnel captada pela ponta do microscópio é sensível às variações de conformação interna da molécula, a corrente túnel deveria informar ao operador sobre a rotação das rodas, o que não é o caso. Em vez de rolar, ela parece escorregar na superfície. Tudo indicava que a superfície das rodas de fulereno era lisa demais.

Apesar dessas dificuldades, progressos estão em curso, e não resta dúvida de que esses nanoveículos logo estarão em operação. Todavia, imperativamente, irão se tornar cada vez mais autônomos, sendo, por exemplo, equipados com um motor. Em seu carro molecular, James Tour já integrou uma mola no centro do chassi. Acionada pela luz, essa mola deve aproximar-se da superfície e usá-la como apoio para fazer a molécula avançar. Esse carro molecular a mola está prestes a ser sintetizado. No laboratório de Toulouse, Gwenaël Rapenne e Jean-Pierre Launay conceberam e sintetizaram um motor molecular com um rotor cujo diâmetro mede menos de 2 nanometros. Estão avaliando sua potência motora e concebendo uma correia de transmissão a fim de integrá-lo num carro molecular.

As moléculas de calcular

Já em 1997 Jim Gimzewski construíra um pequeno escudo molecular agregando, uma a uma, dez moléculas de fulereno ao longo de um degrau monoatômico, naturalmente presente na superfície de um cristal de ouro. Em 2002, Don Eigler utilizou uma centena de moléculas de monóxido de carbono, que ele manipulou com a ponta de seu microscópio de tunelamento para construir, molécula por molécula, portas lógicas exercendo as funções OR e AND. Essas portas lógicas funcionam da seguinte maneira: possuem duas entradas (pelas quais chegam os sinais 0 ou 1) e uma saída. Se uma das duas entradas está em 1, então a função OR posiciona sua saída em 1, enquanto a função AND posiciona sua saída em 1 apenas se suas duas entradas estiverem em 1. Don Eigler alinhou as moléculas de maneira que formassem duas linhas convergindo para um mesmo ponto da superfície. Essas duas linhas formam as duas entradas da porta lógica molecular. Cada molécula é como uma peça de dominó (0 ou 1). A oscilação de uma primeira molécula propaga-se ao longo da linha, como a queda de uma peça de dominó numa série. Dependendo do valor do sinal (0 ou 1) do último dominó da linha situado antes da porta, a saída "oscila" ou não. Eis um conjunto de moléculas que formam uma porta lógica. Todavia, essa porta funciona apenas uma vez. Para fazer um novo cálculo, é preciso reconfigurar todas as moléculas, como se fosse preciso recolocar as peças de dominó no lugar.

Com um conjunto de moléculas, portanto, é possível realizar um cálculo, seja mecânico, seja eletrônico. Dessa forma, embora seja possível sintetizar portas moleculares lógicas, é impossível, atualmente, garantir seu funcionamento, pois a tecnologia para conectá-las a regiões de contato ainda não existe.

Nos anos 1990, imaginou-se que a litografia eletrônica permitiria fabricar eletrodos metálicos suficientemente pequenos para convergirem em uma única molécula. Isso não aconteceu. Por um lado, a litografia eletrônica da física mesoscópica não é suficientemente precisa para ordenar a extremidade desses pequenos eletrodos na escala atômica, como seria necessário. Por outro lado, essa técnica se serve da utilização de uma resina (para transferir o desenho dos contatos metálicos para a superfície) que deve ser limpa até a última molécula após sua utilização, sob o risco de se perder as moléculas do dispositivo. Toda a esperança repousa numa técnica de depósito de pequenos aglomerados metálicos de algumas dezenas de nanometros de lado, manipuláveis com a ponta do microscópio para construir um jogo de nanorregiões de conexão.

Enquanto essa nova tecnologia é aperfeiçoada, pesquisadores concebem novas arquiteturas para as moléculas de cálculo. Com efeito, as moléculas, como aquelas sugeridas por Forrest Carter, são gigantes e irão tornar-se ainda maiores à medida que crescer a complexidade a se integrar na molécula.

Isso coloca vários problemas. Por um lado, a síntese das moléculas estendidas no espaço é complicada. Por outro, é difícil manipular uma por uma as gigantescas moléculas planas com suficiente precisão para garantir sua conexão com contatos metálicos. Enfim, a intensidade da corrente elétrica podendo passar através de uma extensíssima molécula é certamente inferior a um atto ampère, isto é, um bilionésimo de bilionésimo de ampère. Uma eletrônica rápida não pode se desenvolver com correntes tão fracas. Novas arquiteturas de moléculas de cálculo estão em vias de nascer do casamento entre a eletrônica molecular e as calculadoras quânticas.

Moléculas de calcular quânticas

O conceito de calculadora quântica foi criado por Richard Feynman e David Deutsch, do Center for Quantum Computation, da Universidade de Oxford, nos anos 1980. O princípio é explorar a resposta espontânea de um sistema atômico ou molecular, quântico, preparado num estado não estacionário, para fazer cálculos. O sistema deve ser dividido em pequenas unidades de cálculo, chamadas “bits quânticos”, suscetíveis de serem preparadas numa superposição quântica de dois estados básicos (0 ou 1) e de interagirem entre si, mas sem trocar elétrons. O cálculo efetua-se em seguida, simplesmente deixando o estado do conjunto de bits quânticos evoluir no tempo. Uma calculadora quântica lembra um pouco aqueles relógios de esferas, em que elas rolam ao longo de diferentes comprimentos — e que marcam o tempo tão bem quanto um relógio de rodas dentadas. Com um sistema de bits quânticos, o estado inicial dos bits quânticos codifica dois números cuja soma precisa ser feita. O sistema evolui em seguida no tempo até alcançar outro estado quântico, que dará o resultado da adição.

Esse conceito de calculadora quântica mostra que não é necessário utilizar um circuito eletrônico para construir uma calculadora. Transcrito no domínio da eletrônica molecular, esse conceito mostra que não é necessário "forçar" uma molécula a se parecer com um circuito eletrônico para nela integrar uma função de cálculo. Basta explorar a dinâmica quântica intrínseca e característica de uma molécula para realizar um cálculo. As calculadoras moleculares quânticas efetuam todo tipo de operações, e, de complexidade igual, serão menos extensas que circuitos moleculares tais como imaginava Forrest Carter. Os pesquisadores inclusive acabam de demonstrar que não é necessário dividir a molécula em bits quânticos para calcular quanticamente. Basta manipular sua estrutura eletrônica para modificar a evolução quântica inerente à molécula no curso do tempo. As moléculas estão em vias de síntese e sua implantação experimental não tardará. Elas permitiriam contornar a famosa lei de Moore. Realmente, o aumento da complexidade de uma calculadora deixaria de ser baseada na acumulação de um número de transistores cada vez maior na superfície de um semicondutor, para se basear na capacidade de controlar a evolução temporal de um sistema quântico a cada geração cada vez mais complexo no espaço dos estados quânticos.

Fábricas de moléculas

Descrevemos as primeiras moléculas mecânicas e as primeiras moléculas de cálculo. É tentador fazer convergir os dois tipos de máquinas moleculares e querer embarcar uma molécula de cálculo a bordo de uma molécula mecânica para fabricar... um robô molecular. Na realidade, um robô do nosso mundo macroscópico é um conjunto de funções mecânicas controladas por uma calculadora embutida. Por ora, a molécula-robô é apenas uma ideia. Ninguém sabe se é exequível. A síntese química desses nanorrobôs, bem como sua teleguiagem, parece particularmente difícil de empreender.

Uma vez que a etapa de síntese dos nanorrobôs levanta problemas, pesquisadores sugeriram desvencilhar-se dela e confiá-la às máquinas, elas também moleculares. Seu papel seria de agrupar átomo por átomo (ou grupamento químico por grupamento químico) todas as máquinas moleculares. Não se sabe como seriam fabricados esses montadores moleculares, verdadeiras fábricas de produção de moléculas de calcular, de moléculas mecânicas, ou de nanorrobôs. No estado atual dos conhecimentos, isso é evidentemente irrealista.

Tais como descritos, esses agregadores moleculares de máquinas moleculares seriam a cópia exata ultraminiaturizada dos robôs utilizados em nossas fábricas. Por exemplo, seriam equipados com pinças e braços telescópicos para capturar as pequenas moléculas e montá-las. Richard Smalley, codescobridor das moléculas de fulereno, objetou que, se uma pinça molecular agarrasse uma molécula, não conseguiria livrar-se dela, pois a reação química necessária à sua captura simplesmente não permitiria que ela se soltasse. Na realidade, nada prova que um agregador precise de uma pinça na ponta de um braço telescópico para capturar um átomo ou uma molécula. Dessa forma, ao manipular uma pequena molécula de seis pés com a ponta de um microscópio de tunelamento, nossos colegas da Universidade Livre de Berlim descobriram que ela é capaz de "aspirar" alguns átomos de cobre previamente depositados na superfície. Esses átomos acumulam-se uns depois dos outros sob a molécula, de onde não podem sair pois estão bloqueados pelos pés dela. O operador do microscópio pode soltar os átomos a seu bel-prazer levantando com a ponta a molécula que os agregou.

Outros pesquisadores, como Wilson Ho, Don Eigler, Gerhard Meyer ou Gérard Dujardin, da Universidade Paris-Sud em Orsay, tentam utilizar o microscópio de tunelamento como agregador. Tentam servir-se dele para sintetizar moléculas átomo por átomo, ou fragmento molecular por fragmento molecular. Porém, é extremamente difícil levar, com a ponta do microscópio de tunelamento, duas moléculas a reagir quimicamente. É preciso manipulá-las com precisão até descobrir a orientação que permitirá que a reação química se produza. Em solução, o problema não existe, pois a agitação térmica leva as moléculas a explorar ao acaso uma profusão de orientações e a assim descobrir espontaneamente o caminho da reação.

Cada vez maior?

Monumentalizar, monumentalizar, sim, mas como e até que ponto? Até um certo tamanho, seria possível sintetizar uma máquina molecular de uma vez só. Em 2002, químicos japoneses conseguiram fabricar um fio molecular de 100 nanometros de comprimento. Entretanto, além de um certo tamanho ou de certa complexidade (mas qual?), não será mais possível sintetizar de uma vez só uma molécula composta de mecanismos cada vez mais complicados. Será preciso voltar ao conceito de fabricação standard: a montagem por partes. Entraremos então no domínio da química supramolecular, já bem explorado por químicos como Fraser Stoddart, da Universidade de Los Angeles, Jean-Pierre Sauvage, do CNRS em Estrasburgo, e o agraciado com o Prêmio Nobel, Jean-Marie Lehn, da Universidade de Estrasburgo.

Como agregar um grande número de fragmentos moleculares para montar uma máquina complexa? Alguns pesquisadores, como Jean-Marie Lehn, estudam a montagem espontânea das partes: essas "automontagens" podem ser obtidas marcando-se as partes elementares, como as peças de um quebra-cabeça, com a ajuda de grupamentos químicos específicos. Cada grupamento químico deve reconhecer seu grupamento complementar, pertencente a outra peça do quebra-cabeça, e todos os grupamentos agregam-se dessa forma. Esse modo de montagem espontânea está em ação nos vírus e em seres vivos como bactérias. Daí a importância de estudar as máquinas mais simples ou os menores "autômatos" automontados, que são os vírus.

Em 2002, a equipe do professor Eckard Wimmer, da Universidade de Stony Brook, perto de Nova York, conseguiu realizar pela primeira vez a síntese de um vírus, o da poliomielite. Em estado selvagem, esse vírus apresenta-se sob a forma de uma pequena bolha de 28 nanometros de diâmetro. Sua estrutura proteica e genética foi descoberta em 2000 por James Hogle, da Universidade Harvard, depois em 2001, pela equipe de Eckard Wimmer. O vírus compreende uma parte viral e um invólucro mais ou menos esférico. A parte viral é uma macromolécula de RNA contendo 7.411 nucleotídeos, que, uma vez desenrolada, mediria alguns micrometros de comprimento. O invólucro, que contém a parte viral, é composto de 60 subunidades, cada uma comportando quatro proteínas. Cada proteína é constituída, em média, por 250 aminoácidos. Em 2002, a equipe de Eckard Wimmer sintetizou no início o RNA da parte viral com o comprimento de 7.411 nucleotídeos, cuja parte mais importante das sequências pode ser comprada de empresas privadas de biotecnologia. Em seguida, ela sintetizou quimicamente as extremidades que faltavam. Comparada à síntese química de uma máquina molecular complexa necessitando várias etapas, a tarefa aqui é muito simplificada, pois o motivo molecular a ser sintetizado reproduz-se com regularidade. Uma vez obtida essa parte viral, os pesquisadores não se lançaram na síntese das quatro proteínas que constituem o invólucro do vírus. Para obtê-las, e sobretudo para obtê-las montadas corretamente, recorreram a uma "sopa" feita de células vivas, a fim de que o RNA sintético da pólio utilizasse sua maquinaria celular para criar e automontar o invólucro. A ideia de explorar as fábricas químicas naturais constituídas pelas bactérias poderia ser estendida à fabricação de máquinas moleculares.

O recuo para os nanomateriais

Acabamos de descrever as primeiras máquinas moleculares e as pistas levadas em conta para fabricar modelos com um tamanho suficiente, cerca de uma dezena de nanometros, para exercer funções complexas, normalmente confiadas às máquinas que conhecemos em nossa escala. Mas são raros os pesquisadores que enfrentam o desafio da monumentalização, comparados aos que orientam suas pesquisas para os nanomateriais. Estes dizem respeito aos cimentos, aos revestimentos, às cerâmicas, aplicações bem palpáveis e distantes do campo das máquinas moleculares, pois não possuem dimensões nanométricas. O que eles têm de "nano"?

O termo "nanomateriais" foi forjado a partir da expressão "material estruturado em escala nanométrica". Designa os materiais cuja estrutura elementar é constituída de moléculas, macromoléculas ou pequenos agregados de átomos, cujas dimensões são nanométricas. Peguemos o exemplo do sal de cozinha (ou cloreto de sódio). Seu arranjo básico é feito de um átomo de cloro e um átomo de sódio (distantes menos de 0,3 nanometro). Esse arranjo repete-se no espaço para criar um pequeno cristal de facetas quadradas de sal, que pode ser capturado com uma pinça de depilar e observado com uma lupa. O sal de cozinha é então um material atomicamente estruturado. Consideremos agora um nanomaterial: seu arranjo básico é constituído por uma molécula, que pode ser complexa e conferir ao material uma propriedade particular importantíssima (resistência às deformações, capacidade de gravar uma informação etc.). Essa propriedade só aparece quando milhões de moléculas idênticas são agregadas. Acontece o mesmo com as nanopartículas, que medem apenas alguns nanometros de diâmetro, mas são compostas por um conglomerado de milhares de átomos.

Os efeitos da estrutura da matéria sobre as propriedades do material são conhecidos e explorados há muito tempo. Desde a Antiguidade, nanopartículas de cobre eram integradas no vidro para lhe dar uma coloração vermelha. As tintas são soluções que contêm nanopartículas em emulsão. O preto do carbono, ou o preto da fumaça, também é constituído por nanopartículas de carbono de um diâmetro de 10 a 1.000 nanometros. Elas já eram descritas nos manuais do século XIX. Serviam, e continuam servindo, de pigmentos nas tintas. Essas nanopartículas de preto de carbono foram introduzidas em 1917 nos pneus, a fim de aumentar sua longevidade. Os conversores catalíticos dos carros contêm nanopartículas de platina, de ródio e de paládio, dispostas nos poros minúsculos de um bloco de cerâmica, a fim de aumentar a superfície em contato com os gases de escapamento. Elas aceleram as reações químicas que transformam o monóxido de carbono e os óxidos de nitrogênio dos gases de escapamento em água e em dióxido de carbono.

A novidade apresentada pelos nanomateriais em relação aos materiais tradicionais encontra-se na estrutura química do motivo básico, que se torna mais complexo. O campo de pesquisa dos nanomateriais nada tem a ver com o da monumentalização, em que a molécula torna-se máquina, ao passo que continua um tijolo elementar num nanomaterial. Os nanomateriais constituem um imenso campo de pesquisa, que sozinho justificaria um livro inteiro. Mas não se trata de nanotecnologia.

Muitos cientistas continuam a ver na molécula tão somente um pequeno "pedaço" de matéria. Há alguns anos, a ideia de máquina molecular chegava a provocar risada nos meios científicos. E, não obstante, é hoje uma realidade experimental. A molécula mudou radicalmente de status, passando de uma presença anônima na multidão para uma existência individualizada e acessível ao instrumento de medida. O desafio da monumentalização consiste atualmente em descobrir um novo método de fabricação desses dispositivos moleculares e máquinas moleculares, que irão comportar apenas o número de átomos necessários a seu funcionamento. Quem pode prever o tamanho e o grau de complexidade que essas máquinas irão alcançar?

5.

AS NANOBACTÉRIAS

De tijolo elementar perdido em meio a bilhões de bilhões de outros, a molécula tornou-se independente de 15 anos para cá. Doravante, ela pode encarnar um dispositivo ou uma máquina capaz de realizar funções cada vez mais variadas e complicadas, e montagens monumentais dessas máquinas moleculares logo serão realizadas. Depois de compreendermos os mecanismos de montagem das proteínas, membranas e ribossomos em ação numa célula viva, conseguiremos reproduzir a arquitetura e a organização das menores formas de vida conhecidas? E, uma vez agregados esses componentes, essa célula artificial passará a viver?

Hoje os menores organismos vivos conhecidos em nosso planeta são as bactérias. E as menores bactérias medem 200 nanometros. São minúsculas! Em comparação, as bactérias comuns possuem geralmente 1.000 nanometros, e as células do corpo humano medem cerca de 20.000 nanometros. Os vírus são bem menores (entre 20 e 300 nanometros), mas não são considerados organismos vivos autônomos, pois são incapazes de se reproduzir sozinhos.

Novas bactérias, ainda menores, teriam sido descobertas: medem apenas 100 nanometros, e mesmo 20 nanometros, no caso de algumas! Se existirem, essas "nanobactérias" têm um tamanho inferior a tudo que era apontado como vivo. São tão pequenas que simplesmente não deveriam existir. Para se alimentar e reproduzir, em resumo, para ser vivo, um organismo deve a priori conter o necessário para sobreviver, no caso, DNA, ribossomos que fabricam as proteínas e um citoplasma, isto é, um gel em que esses componentes flutuam. Tudo isso se acha confinado na membrana plásmica, protegido por uma parede rígida (de que os micoplasmas são todavia desprovidos), o que ocupa espaço. Os biólogos e físicos teóricos calcularam que o tamanho de um organismo vivo não pode ser inferior a 180 nanometros.

Ora, essas novas bactérias seriam menores. Constituiriam, do ponto de vista adotado, seja o menor conglomerado de macromoléculas capaz de viver (abordagem descendente da miniaturização), seja uma monumental máquina macromolecular natural que teria a faculdade de viver (abordagem ascendente da monumentalização). Sua existência suscita controvérsia. Luc Montagnier, descobridor do vírus da aids, qualificou-as de obnis: "objetos bacterianos não identificados". Esses objetos bacterianos (ainda) não identificados foram detectados em diferentes locais do planeta: nas rochas e sedimentos submarinos, mas também em mamíferos (boi e homem).

Um meteorito que fez barulho

Até 1996, as menores bactérias conhecidas tinham um diâmetro superior ao limite teórico. Corria tudo bem. Havia um geólogo da

Universidade do Mississippi, Robert Folk, que descobrira estranhos objetos em torno das termas naturais de Viterbo, perto de Roma, em 1990. Eram minúsculos (25 a 200 nanometros), de forma redonda ou oval, e dispostos em cadeias ou agregados. Como, segundo ele, nada de mineral jamais tivera aquela conformação, ele sugeria que havia ali uma nova forma de vida, que ele batizou de nannobactérias, com dois "n", na linhagem do prefixo "nanno" utilizado no início do século XX e perpetuado em biologia e paleontologia (*ver Anexo II*). Mas Robert Folk não era levado a sério: o que um geólogo pode saber de biologia? A vida não pode ser tão pequena! O que Robert Folk descobrira não passava provavelmente de resíduos de bactérias comuns, ou então concreções minerais um tanto bizarras...

Entretanto, Robert Folk acredita piamente em sua descoberta. Em 1992, deu uma conferência na Sociedade Norte-Americana de Geologia. Dessa vez, suas declarações não caíram em ouvidos moucos. Na sala, Chris Romanek, um geoquímico que trabalhava para a Nasa, fazia anotações e decidiu estudar amostras desses objetos. Comentou seu plano com David McKay, do Johnson Space Center da Nasa, em Houston, e, munidos de um microscópio eletrônico de alta resolução — e de paciência —, eles procuraram e revelaram estruturas similares às de Robert Folk!

Essa descoberta teria repercussão mundial, pois as amostras que os pesquisadores acabavam de analisar tinham uma origem bem peculiar. Saíram de um meteorito vindo de Marte. A queda desse meteorito, batizado ALH84001 (pois foi descoberto em 1984, ao pé da cordilheira Allan Hills, na Antártica), passara despercebida, da mesma forma que a descoberta. Porém, 12 anos mais tarde, quando David McKay e Chris Romanek descobriram ali estruturas "semelhantes em tamanho e forma" às nannobactérias de Robert Folk, teve início uma terrível polêmica. Não apenas a descoberta parecia confirmar a existência de nannobactérias (o que já é uma informação importante), como, além disso, sugeria que essas nannobactérias viriam de Marte: teria existido vida em Marte! O mundo inteiro prendeu a respiração. Era o fim dos homenzinhos verdes: os extraterrestres seriam bactérias menores que tudo que podemos imaginar. Alguns exageraram: a "descoberta" precedeu em algumas semanas o voto no Congresso do orçamento das missões a Marte! Começou um longo debate: aquelas formas alongadas seriam realmente vestígios de vida? Viriam realmente de Marte?

Uma equipe de cientistas franceses decidiu observar mais detidamente um meteorito caído no deserto de Tataouine, na Tunísia, em 1936, e conservado no Museu Nacional de História Natural de Paris, bem como outros fragmentos coletados nos anos 1990. O meteorito de Tataouine não provém de Marte, mas sua composição é similar ao ALH84001. Surpresa: eles também encontraram estruturas em forma de bastonetes de algumas dezenas de nanometros nos fragmentos do meteorito, mas — nova surpresa — nada no fragmento-mãe, recolhido poucas horas após a queda. Isso significava que as "nannobactérias" desenvolveram-se nos fragmentos que permaneceram no deserto depois da queda do meteorito em 1936, mas não no fragmento-mãe conservado ao abrigo das contaminações no museu. Essas "nannobactérias" eram, portanto, de origem terrestre, e as formas encontradas no ALH84001 poderiam provir, elas também, de uma contaminação... e não de uma vida extraterrena.

Em todo caso, essas formas alongadas são incompatíveis com o funcionamento da vida tal como a conhecemos hoje. Desde então, formas similares, de 50 a 500 nanometros, também foram descobertas na Austrália, em amostras retiradas do mar, a três quilômetros de profundidade. A geóloga responsável pela descoberta, Philippa Uwins, batizou-as de "nanóbios" (para "nanoorganismos biológicos", assim como "micróbio" significa "micro-organismo biológico"). Ela levou adiante suas pesquisas e verificou que esses nanóbios eram compostos de carbono, oxigênio e nitrogênio, elementos característicos do mundo vivo. Também provou que eles se desenvolvem espontaneamente em cultura a temperatura ambiente; que têm uma membrana e, principalmente, que reagem positivamente a três testes de presença de DNA. "Se os nanóbios não são organismos biológicos, é difícil propor outra coisa compatível com as observações", concluía a geóloga. Mas ela nada mais publicou em seguida sobre o assunto: surpreendente, considerando a importância da descoberta.

Os nanoaliens estão em toda parte

Para suas pesquisas, o microbiólogo Olavi Kajander, da Universidade de Kuopio, na Finlândia, é obrigado a preparar frequentemente caldos de cultura de células. Um dia, todas as suas tentativas fracassaram: as células morriam. Para compreender de onde vinha o problema, mandou analisar o soro bovino fetal acrescentado como nutriente no meio da cultura. O soro não estava contaminado, mas revelou conter organismos desconhecidos, de um tamanho compreendido entre 50 e 200 nanometros. Tratava-se, segundo ele, de nannobactérias, as quais não seriam portanto apenas de origem geológica, mas também estariam presentes em organismos vivos. Os detratores, por sua vez, não se desarmaram. Explicavam que essas amostragens foram contaminadas por outras bactérias, por resíduos de material orgânico ou que ainda continham bactérias banais, mas que, sob o efeito de um estresse, estas teriam se retraído.

Karim Benzerara, do Instituto de Mineralogia e Física dos Meios Condensados (CNRS), tentou pôr fim a essa controvérsia e desvendar o mistério das nannobactérias. Ele fazia parte da equipe que estudou o meteorito de Tataouine e prosseguiu suas observações com a ajuda de instrumentos muito mais evoluídos, um microscópio eletrônico de transmissão superpotente e um síncrotron (acelerador de partículas). Demonstrou que cada bastonete descoberto no meteorito de Tataouine é de fato um cristal de calcita, e não um micro-organismo viável! Existe em suma um processo puramente mineral na origem dessas formas peculiares. Esse processo foi inclusive reproduzido em laboratório. Eis o que parece desferir um golpe fatal nas nannobactérias de origem geológica (as descobertas em meteoritos, rochas ou sedimentos submarinos).

Em seguida, Karim Benzerara pôs seu talento a serviço das "nannobactérias" de origem humana descobertas nos tecidos vasculares. Os estudos no síncrotron trouxeram à tona grupamentos de átomos de carbono característicos de proteínas, associados a nanocristais de fosfato de cálcio. Seria a prova de que as concreções extraídas dos tecidos vasculares provêm de uma nova forma de vida? Na realidade, as proteínas poderiam ter sido acidentalmente incorporadas às concreções. Karim Benzerara estuda agora a hipótese segundo a qual essas nannobactérias de origem humana também poderiam ter origem puramente mineral. Elas resultariam da nucleação e do crescimento de cristais de fosfato de cálcio controlados por proteínas. Segundo ele, essas nannobactérias resultariam de um mecanismo de síntese ainda mal compreendido, ao mesmo tempo mineral e orgânico, mas definitivamente nada teriam de vivo.

Se, ao contrário, ele mostrasse que esses objetos mineral-orgânicos são verdadeiramente produzidos por seres vivos, seria uma revolução. Essas novas bactérias poderiam ter relação com doenças cujas causas permanecem obscuras, como a arteriosclerose, os cálculos renais ou os corpos de psamoma que intervêm no câncer dos ovários. Poderiam também desempenhar um papel na formação dos ossos, dos dentes e da placa dentária. De maneira geral, poderiam contribuir para mecanismos de precipitação de minerais até hoje considerados meramente inorgânicos. Acima de tudo, se existirem, as nannobactérias representariam novas formas de vida, sem dúvida distintas das atualmente conhecidas. Seriam elas bactérias arcaicas ou protobactérias, espécie de elo perdido entre as moléculas e as bactérias vivas tais como as conhecemos?

O elo perdido

Segundo a hipótese mais provável, a vida surgiu segundo um roteiro que vai do inerte ao vivo. As moléculas teriam se tornado cada vez mais complexas e mais bem organizadas. Portanto, a pergunta é: a partir de que etapa pode-se considerar que "alguma coisa" vive? Essa interrogação atormenta os cientistas desde a Antiguidade. No século V antes da nossa era, os filósofos gregos imaginavam que todos os grãos de matéria eram vivos. Lucrécio achava que a vida resultava da mistura dos "grãos" da alma com os do corpo. No século XVIII, as moléculas eram consideradas os menores seres vivos existentes. Buffon (1707-88) denominou "moléculas orgânicas" as primeiras células vivas observadas após a invenção do microscópio óptico. O que é vivo? O que não é? Isso na época estava longe de ser claro. Quando, em 1827, o botânico Robert Brown observou no seu microscópio o movimento contínuo e irregular de grãos de pólen dispersos na água (o movimento browniano), julgou ter descoberto "a molécula primitiva" responsável pela vida.[1]

A vida é ainda mais misteriosa à medida que aparece ali onde parecia não haver nada. "Existe uma árvore … frequentemente observada na Escócia. Folhas caem dessa árvore; de um lado tocam a água e se transformam em peixes, do outro tocam a terra e se transformam em pássaros", lemos num tratado de botânica do século XVII.[2] Essa teoria da geração espontânea existe sob diferentes variantes e só tem fim com os trabalhos de Pasteur — que ainda precisou, entre 1858 e 1864, enfrentar as críticas de seus partidários. Pasteur conseguiu pôr um ponto final na discussão durante uma conferência na Sorbonne, demonstrando que o que era apresentado como geração espontânea provinha de uma contaminação microbiana e não sobrevive à esterilização.

Da mesma forma, o vitalismo — segundo o qual uma forma particular engendra a vida, isto é, uma força distinta das que comandam os fenômenos físico-químicos — subsistiu por muito tempo. Ficou na berlinda em 1828, quando, pela primeira vez, uma substância do vivo, a ureia, foi sintetizada em laboratório por Friedrich Wöhler, químico alemão, seguindo procedimentos físico-químicos clássicos, sem que houvesse necessidade de recorrer a uma "força vital" qualquer. Desde então, à medida que as reações químicas que se desenrolam na célula passaram a ser mais bem conhecidas, não resta mais dúvida alguma de que o mundo vivo é regido pelas mesmas regras do mundo inanimado. "A vida é um produto da organização das moléculas", resumia François Jacob, biólogo francês Prêmio Nobel em 1965. Desde Pasteur, sabemos que o vivo vem do vivo; e, desde Darwin, que as espécies derivam umas das outras. Assim, viríamos todos, seres humanos, cenouras ou caracóis, de uma protobactéria primária — ou, talvez, se sua existência for comprovada, de uma nannobactéria! Uma ideia começava a prevalecer: a aparição da vida era o resultado de uma evolução química. Seria possível reproduzi-la em laboratório? É óbvio que os cientistas não iriam passar ao largo de tão fascinante enigma.

A manufatura molecular da vida

O século XX foi a era da manipulação dos átomos. O século XXI será da "manipulação" do ser vivo. Atualmente, a biologia "sintética", ainda balbuciante, tem como objetivo recriar a vida. Os cientistas que trabalham nesse domínio não escondem isso. Mas o que é a vida? Seria útil defini-la, se por acaso ela aparecesse um dia na bancada de um laboratório. Mas sua definição é delicada. A mais consensual diz que a vida seria a capacidade de se agregar em estruturas organizadas autorreprodutíveis.

A biologia sintética é o título de um livro de 1912 escrito pelo médico francês Stéphane Leduc, que se interessava pelas manifestações da vida e procurava reproduzi-las em seu laboratório. Com a ajuda de sais metálicos em soluções à base de carbonato, fosfato ou silicato de sódio, fez crescer magníficas estruturas semelhantes a algas ondulando no mar e que pareciam vivas. Mais tarde a expressão biologia sintética reapareceu, em 1978, no artigo de um editorialista do jornal *Gene*, que anunciava o advento da "era da biologia de síntese, em que os biólogos não se contentam em descrever genes existentes, procurando também construir novos".[3]

Considerando que a vida limita-se ao agrupamento de moléculas complexas que formam sistemas biológicos, os partidários da biologia sintética não duvidam de um dia serem capazes de refabricar esses sistemas a partir de simples moléculas. Dessa forma, dissecam o funcionamento da célula para captar como as informações circulam, como os sistemas de regulação se estabelecem, como genes e proteínas interagem, como uma célula se comunica com a vizinha etc., depois tentam reproduzir esses mecanismos. Tentam também introduzir novas funções e "programar" a célula para novas tarefas. Por exemplo, uma bactéria foi modificada para que emitisse uma luz fluorescente verde quando certas moléculas estão presentes em seu ambiente — do que ela era incapaz antes que seu caminho cruzasse com o do pesquisador.[4]

Não existe vida sem informação, seja ela transportada ou transmitida. A informação é constituída pelas sequências de moléculas de DNA (ácido desoxirribonucleico) na maioria dos organismos. Nem sempre foi este o caso. Alguns biólogos acham que o RNA (ácido ribonucleico) teria servido anteriormente de suporte da informação (como ainda é o caso na maioria dos vírus). Realmente, o DNA e o RNA estão próximos, mas o RNA também é capaz de acelerar reações químicas milhões de vezes, como uma enzima. O RNA, ao mesmo tempo suporte da informação e catalisador, teria precedido o DNA, mais estável e especializado na estocagem da informação.

Para que serve a informação? Esquematicamente, o DNA contém uma descrição completa da célula. Suas sequências são ordens de missão, que macromoléculas vêm pegar agarrando-se ao DNA. Elas as transportam para as "máquinas de fabricar" todas as proteínas necessárias à sobrevivência da célula. Toda a informação repousa em apenas quatro letras: os nucleotídeos A, C, G e T, denominados bases. Os pesquisadores em biologia sintética são capazes de sintetizar essas bases e manipulá-las. Fabricam assim hastes de DNA artificiais. Em seguida, estudam-nas e verificam se elas funcionam como hastes naturais. Introduzem-nas em bactérias e observam o que acontece, esperando compreender a vida imitando-a, antes, talvez, de recriá-la. Assim, hastes artificiais com mais de 10.000 bases foram realizadas, depois mais de 32.000 bases que codificam algumas proteínas da bactéria *Escherichia coli*.

Outros vão mais longe fabricando bases artificiais diferentes das quatro bases do mundo vivo (A, C, G e T). Por exemplo, em 2002, japoneses criaram um DNA com seis bases: acrescentaram duas letras artificiais, S e Y, às quatro bases A, C, G e T. Experimentos demonstraram que bactérias são capazes de incorporar bases desconhecidas. Estendendo assim o código genético, quem sabe proteínas inexistentes na natureza ou novas funções pudessem surgir, ou até mesmo outras formas de vida? Por ora, nenhum coelho exótico saiu da cartola do mágico.

Pesquisadores já sintetizaram o vírus da pólio. Depois dos vírus, será a vez da síntese das bactérias? O princípio de "fabricação" poderia ser o mesmo. Todavia, o genoma da bactéria *Escherichia coli*, uma bactéria bastante comum, comporta 4,7 milhões de bases! Coisa de amplitude bem diversa da síntese da pólio, que compreende "apenas" 7.200 bases. Os biólogos passaram a se interessar então por bactérias mais simples e menores que a *E. coli*. Por exemplo, o biólogo norte-americano Craig Venter, que participou da decodificação do genoma humano, agora trabalha sobre a minúscula bactéria *Mycoplasma genitalium*, que possui 517 genes, o que representa, de toda forma, 580.000 bases! Alguns genes parecem inúteis: toda a questão está em saber quais e avaliar o número mínimo de genes necessários à vida. Os biólogos estimam-no em cerca de 250, o que não parece fora de alcance. Mas isso não quer dizer que a vida estará ali, uma vez que estiverem dispostas lado a lado as bases necessárias.

A vida não é tão simples. Ainda que o programa genético possa ser construído, trata-se também de fabricar a "caixa" (o recipiente). Os partidários da biologia sintética têm algumas ideias na cabeça e já algumas tentativas em seu currículo. Por exemplo, desenvolveram vesículas artificiais capazes de se dividir por si só sob efeito de uma coação mecânica externa. Também sintetizaram proteínas capazes de interagir numa membrana para ali criar um canal entre o interior e o exterior no qual poderiam circular nutrientes e dejetos metabólicos. Tanto no que diz respeito ao recipiente como ao conteúdo, os progressos são rápidos, mas, até hoje, ninguém conseguiu reproduzir a vida em tubo de ensaio. As nanotecnologias poderiam mudar alguma coisa nisso tudo?

As lições da Mãe Natureza

A biologia sintética não utiliza as nanotecnologias, mas técnicas de engenharia genética. Todavia, as novas ferramentas das nanotecnologias são valiosas para compreendermos melhor o funcionamento íntimo das células. Assim, os microscópios de campo próximo, derivados do microscópio de tunelamento, permitem "descascar" a membrana de uma célula para revelar seu interior. Nanossondas à base de nanomateriais são fixadas em proteínas e pequenos vírus para seguir seu percurso nas células. O microscópio óptico confocal permite seguir esses marcadores fluorescentes *in vivo*.

Reciprocamente, a biologia às vezes é útil às nanotecnologias. As criações da Mãe Natureza inspiram a fabricação de certos nano-objetos. Por exemplo, o estudo dos sítios (fechaduras) macromoleculares situados na superfície das membranas celulares capazes de reconhecer proteínas (chaves) oferece modelos para realizar dispositivos "fechadura-chave" moleculares. Nanopartículas poderiam ser equipadas com "chaves" , indo "grudar" em sítios específicos de células doentes para entregar um remédio. Na mesma perspectiva, os modos de automontagem, de cicatrização ou de regeneração encontrados na natureza são ativamente estudados com o objetivo de elaborar nanomateriais que se agregariam ou se repar ariam sozinhos.

O conhecimento aprofundado da biologia da célula poderá igualmente ajudar aqueles que tentarem fabricar máquinas moleculares cada vez mais complexas. Velho sonho dos anos 1980: eles poderiam utilizar a fábrica bioquímica que é uma bactéria para sintetizar toda ou parte de uma máquina molecular. Essa monumentalização radical, gerada no próprio seio de uma bactéria, não é uma busca da vida artificial, pois os planos de montagem serão diferentes das macromoléculas e dos organitos encontrados dentro da bactéria, ainda que o peso molecular pudesse ser equivalente.

Se viesse a ser possível construir máquinas moleculares cada vez mais complexas, será que veríamos surgir alguma coisa de vivo nos meandros de um experimento? Ainda que as máquinas moleculares artificiais fossem dotadas das funções elementares presentes numa nannobactéria, viveriam elas por isso? Onde se esconde o sopro de vida nos milhões de macromoléculas que constituem uma célula? A resposta a essa pergunta escapa à abordagem científica, a despeito de todas as tentativas empreendidas há séculos. As hipóteses mais modernas evocam mecanismos de reconhecimento e auto-organização das macromoléculas, mas estão bem longe de explicar a natureza dessa centelha de vida que distingue a menor bactéria do mais complexo arranjo de átomos e moléculas capaz de se produzir.

6. QUEM TEM MEDO DAS NANOTECNOLOGIAS?

Em março de 2007, o Comitê Consultivo Nacional de Ética (CCNE) francês entregou suas conclusões sobre as nanotecnologias: alarmava-se com a "temível propriedade ambivalente dos nanossistemas moleculares, concebidos pelo homem, de atravessar as barreiras biológicas". Dias depois, o jornal *Libération* estampava: "Os objetos atomicamente modificados pelo homem são perigosos para a saúde?" As nanotecnologias preocupavam e provocavam uma onda de debates, relatórios e recomendações sem precedente. Seus possíveis deslizes levantavam numerosas interrogações, e às vezes uma franca oposição. Associações antinanotecnologias chegaram a surgir: Pièces et Main-d'Oeuvre, em Grenoble; Oblomoff, na região parisiense; ou Bleue comme une Orange, em Toulouse.

Deve-se então considerar que "quanto menor, mais perverso"?[1] Devem-se temer as nanotecnologias? A questão é complexa, de tal forma as nanotecnologias agrupam objetos e procedimentos de fabricação que nada têm em comum. Entretanto, se fôssemos dar ouvidos às críticas mais severas, nós, nanotecnólogos, seríamos verdadeiras ameaças públicas. Em 2006, a associação grenoblense Pièces et Main-d'Oeuvre elaborou e divulgou uma lista dos cientistas franceses que trabalhavam com nanotecnologias e que, em virtude disso, preparavam um sombrio futuro para a humanidade. Coisa estranha: meu nome figurava nela. Segundo essa associação, meus próximos robôs moleculares seriam capazes de atravessar as paredes biológicas para penetrar as células do corpo humano e modificar seu DNA. Estariam inclusive em condições de se reproduzir. No fim, escapariam do controle humano e utilizariam todos os recursos de carbono disponíveis sobre a Terra para proliferar: reduziriam o planeta a nada, cobrindo-o com uma vasta gelatina cinzenta. Essa perspectiva foi qualificada como risco número um das tecnologias por Bill Joy, diretor-científico da empresa de informática Sun Microsystems, que chamou a atenção do mundo inteiro para essa questão em 2000![2] Mas outros riscos são atribuídos às nanotecnologias.

OAM: Organismos Atomicamente Modificados

Em seu relatório sobre as nanotecnologias, entregue em março de 2007, o Comitê Consultivo Nacional de Ética também escreveu: "As nanociências e as nanotecnologias têm como objetivo a manipulação, pelo homem, dos constituintes elementares e universais da matéria, átomo por átomo." Essa definição das nanotecnologias não é neutra. A palavra "universal" recai em uma noção de constância, de imutabilidade. Ao empregá-la, o CCNE sugere implicitamente que os constituintes da matéria são intocáveis, o que, em resumo, indica que sua manipulação não é inofensiva, que toca um domínio proibido, mesmo sagrado. Ao escrever "objetos atomicamente modificados" no lugar de nanotecnologias, o *Libération* coloca-se no mesmo registro, o da proibição tácita, ancorada no âmago da nossa cultura ocidental. Na verdade, depois do Concílio de Trento (1545-63), ninguém pode tocar impunemente na matéria.

Esse concílio ratificou a transubstanciação, isto é, a transformaçao do pão e do vinho em carne e sangue de Jesus. Desde então, a teoria atomística da matéria, incompatível com essa tese, foi acusada de anátema. O atomismo enuncia que os átomos são "grãos" de matéria, que um grão de pão permanecerá sempre um grão de pão e não se pode transformar em grão de carne. Esse concílio marcou a história, e Galileu pagou o pato. Oficialmente, foi condenado por ter defendido as teses de Copérnico. Mas poderia ser também por suas ideias atomistas. Na época de são Tomás de Aquino, temia-se que os camundongos, que haviam escolhido o presbitério como domicílio, pudessem atacar as hóstias para roê-las. Hoje, teme-se o poder dos cientistas, capazes de manipular, recortar e construir a matéria átomo por átomo. De certa forma, as nanotecnologias desafiam o interdito. Manipular átomos revelará o quê? Os segredos da Criação? O que se irá criar? Não estaríamos rivalizando com Deus, não estaríamos perturbando a ordem do Universo? Estaremos em condições de recriar a vida? A ponta do microscópio de tunelamento expõe irremediavelmente interrogações ancestrais e abissais.

As perguntas sobre a manipulação da matéria derivam inelutavelmente para perguntas sobre a vida. Portanto, não é espantoso que os hipotéticos "organismos atomicamente modificados" ou "OAM" sejam apresentados como um dos maiores perigos das nanotecnologias. Na cabeça daqueles que falam isso, são organismos vivos modificados átomo por átomo: após as manipulações genéticas, eis a época das manipulações atômicas. Ora, é impossível modificar um organismo vivo átomo por átomo. Seria preciso sua composição exata praticamente no nível do átomo, depois o plano de montagem, e ainda ser capaz de introduzir nele um microscópio de tunelamento ultraminiaturizado! De fato, não esqueçamos que até hoje não sabemos manipular a matéria átomo por átomo a não ser com um microscópio de tunelamento. Esses OAM, portanto, não têm qualquer fundamento científico ou técnico. A invenção desse termo visa a associá-lo à técnica de manipulação átomo por átomo dos OGM e criar um amálgama entre ambos.

Atualmente, os cientistas manipulam as moléculas uma por uma na superfície de um sólido. Em breve, tentarão manipulá-la na superfície de uma célula, depois controlar o deslocamento de uma molécula numa célula. Em 20, 50 ou 100 anos, talvez se inventem novos instrumentos para tornar isso possível. Conseguirão os cientistas montar e controlar um robô unimolecular capaz de modificar um organismo vivo com precisão atômica? Hoje, ninguém pode responder a uma pergunta desse tipo. Será conveniente proibir toda exploração científica atual sob o pretexto de que uma futura geração de pesquisadores poderia empreender experimentos que, hoje, suscitam dúvidas? A resposta é não. A manipulação da matéria átomo por átomo constitui uma ferramenta de pesquisa sobre os fundamentos da mecânica quântica e sobre os limites da vida de que a ciência ainda tem muito a desfrutar.

Outro perigo anunciado: os nanomateriais

Em 11 de janeiro de 2007, as autoridades de Berkeley, na Califórnia, decidiram que os laboratórios de pesquisa e as indústrias implantados no território da cidade e que produzissem nanopartículas deveriam preencher um formulário para descrever seus produtos e os riscos a eles associados. Na mesma perspectiva, a EPA, agência norte-americana de proteção do meio ambiente, pretende regulamentar a colocação no mercado de bens de consumo contendo nanopartículas de prata, exigindo das empresas que forneçam provas científicas da inocuidade de seu produto sobre o ambiente. A questão foi levantada por causa de uma máquina de lavar que utiliza essas nanopartículas para desinfetar a roupa. A ação antibacteriana da prata é conhecida de longa data, mas não os efeitos das nanopartículas sobre aqueles que usem as roupas assim lavadas ou sobre os micro-organismos.

A demanda de regulamentação da produção e utilização dos nanomateriais, sobretudo os fabricados a partir de nanopartículas, é cada vez mais forte nos países ocidentais. Todos têm na memória o caso do amianto, que poderia ser responsável por cerca de 100 mil mortos nos próximos 20 anos. As nanopartículas preocupam, pois se imagina que possam atingir os alvéolos mais profundos dos pulmões, transpor as barreiras biológicas (cerebral ou intestinal) e passar para o sangue com mais facilidade que partículas mais volumosas.

As nanopartículas são utilizadas desde a Idade do Bronze, mas a quantidade produzida até o presente sempre foi muito baixa. A produção em grande escala de materiais à base de nanopartículas, sem controle sanitário e toxicológico, e sua utilização na fabricação de bens de consumo poderiam significar grandes riscos para a população. As nanopartículas expelidas pelos motores diesel (mais de 10 milhões de partículas por centímetro cúbico de um diâmetro inferior a 100 nanometros) ou por grelhas de churrasco já são objeto de prevenção. Mas numerosos nanomateriais estão em desenvolvimento. Tomemos o exemplo do papel eletrônico. É uma "folha" sobre a qual é possível mudar à vontade o texto impresso por meio de um comando elétrico. Ela é composta de tinta eletrônica mantida entre duas folhas transparentes e constituída de nanopartículas metálicas pretas e brancas carregadas eletricamente. Sob efeito de um campo elétrico, as partículas pretas migram para a superfície visível da folha, estampando assim um ou outro texto. Essa tinta não é um produto nanotecnológico, mas contém nanopartículas. Antes de sua comercialização, convém estudar a nocividade dessas nanopartículas, proteger, se necessário, as pessoas que as fabricam e tomar medidas para evitar que se propaguem na natureza, uma vez que se joga fora o papel eletrônico.

Os nanomateriais compostos de nanopartículas ou nanotubos de carbono devem então ser objeto de maior vigilância. Acontece o mesmo com um grande número de produtos químicos e bioquímicos, fabricados ou não pelo homem. Cerca de 100 mil compostos químicos são corriqueiramente empregados nos países industrializados (em produtos domésticos, pinturas, plásticos etc.), e só se conhece a toxicidade de um terço deles.[3] Raras são as pessoas que se abalam com isso.

Da mesma forma, quem conhece os perigos das fibras cerâmicas refratárias, que substituíram as fibras de amianto como isolante térmico nas pastilhas de freios, os recipientes catalíticos ou o isolamento de fornos e caldeiras? Elas são classificadas como "cancerígenas de categoria 2" (substâncias que apresentam um perigo detectado no animal e suspeitado no homem). As lãs de vidro e as lãs de rocha, tão comuns, são classificadas como "cancerígenas de categoria 3" (substâncias preocupantes para o homem em razão de efeitos cancerígenos possíveis, mas para as quais as informações disponíveis não permitem uma avaliação satisfatória). Em contrapartida, os dados toxicológicos referentes às fibras de carbono presentes nas raquetes de tênis, em cascos de embarcação e bicicletas, bem como as fibras para-amidas (tipo Kevlar), "ainda são insuficientes para permitir uma avaliação de riscos completa e detalhada de seus efeitos".[4] Todas essas fibras nada têm de nanotecnológico (seu diâmetro é mil vezes maior que um nanotubo de carbono). Elas são bem disseminadas, mas sua toxicidade continua mal conhecida.

Assim como a árvore que esconde a floresta, as nanopartículas e os nanotubos de carbono atraem a atenção e concentram a maioria das discussões na área da saúde pública, a ponto de empalidecer o resto! As nanotecnologias não estariam sendo usadas como bode expiatório por uma indústria que hesita em assumir suas responsabilidades nos domínios da poluição e da saúde pública? "Os produtores [de] novos materiais deverão dar todas as garantias de que a segurança de seus produtos foi corretamente avaliada, tanto para os trabalhadores como para a população em geral. A história mostra que isso não foi muitas vezes o caso", constata a introdução ao programa "Nanosafe 2" da União Europeia.

As nanotecnologias poderiam constituir um modelo para que se empreendessem sistematicamente estudos de toxicidade e de impacto ambiental antes de qualquer produção em massa. Na realidade, esses estudos multiplicam-se mundo afora. A União Europeia financia o programa "Nanosafe" para estabelecer uma base de dados sobre a periculosidade das nanopartículas. Na França, o Instituto Nacional do Meio Ambiente Industrial e Riscos lançou um programa de pesquisas sobre os riscos associados às moléculas oriundas das nanotecnologias. O Instituto Nacional de Pesquisa e Segurança agrupa estudos sobre a toxicologia das nanopartículas. A Agência de Segurança Sanitária do Meio Ambiente e do Trabalho também se interessa pelos riscos ambientais e sanitários dos nanomateriais. Todos esses estudos em breve fornecerão elementos para esclarecer o debate. Mas o que acontecerá então com os nanomateriais? Alguns serão proibidos, outros rigorosamente controlados, e os mais inofensivos produzidos rotineiramente.

Nanomateriais e nanopartículas não são necessariamente sinônimos de perigo. Os pombos possuem células especializadas contendo nanopartículas magnéticas para se orientar no campo magnético terrestre. Eis nanopartículas bastante inofensivas! Outras são inclusive extremamente úteis. Uma partícula esférica com cinco nanometros de diâmetro pode conter alguns milhares de átomos, e com isso transportar uma substância terapêutica. Como dissemos, as nanopartículas são capazes de transpor a barreira hematoencefálica que protege o cérebro (isolando os vasos sanguíneos do líquido encefálico). Eis por que, embora apresentem riscos, suscitam um grande interesse médico. Associadas a medicamentos, elas poderiam tratar mais eficazmente os tumores cerebrais, por exemplo, difíceis de cuidar até hoje, pois diversos medicamentos anticancerígenos não atravessam a barreira hematoencefálica. Essas nanopartículas-medicamentos, ainda em fase de pesquisa, são constituídas por polímeros biodegradáveis ou ciclodextrinas (moléculas que dispõem de uma cavidade) e encapsuladas por lipídios (o encapsulamento destina-se a torná-los furtivos para que possam atravessar a barreira hematoencefálica com maior facilidade).

Outras nanopartículas também vêm sendo desenvolvidas para alcançar as células. Por exemplo, os atuais tratamentos contra o câncer, quimioterapia e radioterapia, não distinguem as células doentes das saudáveis. Agem de modo idêntico sobre as duas e provocam efeitos colaterais sérios. As nanopartículas poderiam servir para detectar as células cancerosas. Por exemplo, dotadas de um sistema de identificação, elas atuariam como "frentes exploradoras" e se fixariam nas células doentes, onde liberariam o princípio ativo. Também poderiam conter um conglomerado metálico que, estimulado por um laser, aquecesse e destruísse as células doentes. Será aconselhável proibir a produção das nanopartículas necessárias a essas curas? Claro que não! Mas as indústrias deverão cercar-se das mesmas precauções sanitárias e toxicológicas das outras indústrias, como a farmacêutica ou a agroalimentar.

Espiões eletrônicos

Outra preocupação associada às nanotecnologias diz respeito às liberdades individuais. Atualmente, o uso de dispositivos chamados RFID (em inglês, Radio Frequency Identification), ou sistemas de radioidentificação, expande-se em ritmo acelerado. São compostos de um chip eletrônico e uma antena de radiofrequência. Dessa forma, as informações contidas no chip podem ser lidas e modificadas a distância, logo, eventualmente, à nossa revelia. Não é o caso dos chips eletrônicos clássicos, presentes nos cartões de banco ou nos cartões Vitale, que devem ser inseridos num leitor e lidos por contato.

Os RFID apresentam-se sob a forma de uma minietiqueta ou uma cápsula. Já são utilizados para facilitar o acesso nos restaurantes de empresa, nos transportes coletivos ou em algumas estações de esqui, para pagar os acessos automáticos. Também substituem os códigos de barra na marcação de mercadorias, obras de arte etc. Os primeiros supermercados sem caixas já surgiram, mas o próprio cliente deve escanear os códigos de barra. Amanhã, os produtos de supermercado serão equipados com uma etiqueta RFID. O cliente não terá mais de depositar suas compras num tapete rolante na caixa: bastará passar com seu carrinho por entre antenas de radiofrequência para que os preços sejam imediatamente registrados.

Alguns externam a preocupação de que, depois das mercadorias, venham-se a equipar seres humanos com chips RFID. O implante de um chip de identificação já é obrigatório para cães e gatos na Bélgica. Em abril de 2007, chips de RFID foram implantados pela primeira vez em bebês, na França, sob a forma de pulseiras eletrônicas, na maternidade do Hospital de Raincy-Montfermeil, para evitar os sequestros. Os RFID poderiam ser úteis para vigiar pessoas idosas doentes: se elas sofressem uma queda ou se perdessem, eles dariam o alarme. Até que ponto irão se generalizar? Há quem receie que eles inaugurem a era da "rastreabilidade do gado humano": "O chip", dizem, "permite aos médicos intervir mais rápido em caso de problema. ... Depois [pretextos] justificarão que se 'chipizem' camadas cada vez mais amplas da população. Chegará o dia em que não se poderá mais viver sem ele. Nesse dia, tentarão implantá-lo sistematicamente no nascimento. Seu porte será obrigatório. 'Deschipizar-se' será um crime."[5]

Com seu tamanho atual, os RFID pareciam inofensivos às nossas liberdades. Mas a microeletrônica fabrica dispositivos cujo tamanho diminui, aproximando-se do das proteínas. O casamento entre a biologia e a microeletrônica tornou-se possível por compatibilidade de tamanho, e já deu origem aos chips de DNA e aos sensores moleculares, isto é, microssensores sensíveis a certas moléculas, como proteínas ou RNA, e que servem de detectores. Sua sensibilidade ainda é fraca: em geral são necessários milhares de moléculas para detectar de forma confiável a espécie química visada. Esse casamento entre o ser vivo e a técnica vai prosseguir com as nanotecnologias. Elas poderiam transformar os RFID em nano-RFID, e até em RFID moleculares, temem alguns. Os nano-RFID seriam invisíveis tanto a olho nu quanto aos microscópios ópticos, e poderiam servir de sentinelas dos processos vitais elementares. Introduzidos no corpo humano, vigiariam a composição do sangue, o nível de radicais livres nas células ou a liberação de hormônios na hipófise. Instalados no cérebro, seriam até capazes de registrar os sinais transmitidos pelos neurônios, decifrar os influxos nervosos à nossa revelia e transmitir nossos pensamentos. "Vários bilhões de minúsculos escâneres, chamados nanorrobôs, poderão ser enviados ao cérebro a fim de levantar todos os detalhes a partir do interior", escreve o autor americano Ray Kurzweil.[6] Uma molécula transformada em RFID tornar-se-ia o espião definitivo e uma ameaça ao nosso livre-arbítrio.

As nanotecnologias nos preparariam então um mundo onde "há muitos olhos lá embaixo", parafraseando a célebre afirmação de Feynman.[7] Nanorrobôs invisíveis seriam introduzidos em nosso corpo, câmeras sob a forma de pós flutuariam acima de nossas cabeças para nos vigiar, grãos forrariam as paredes e os tetos para captar informações e nos espionar. Isso me lembra uma conversa telefônica com uma pessoa que me pedia conselho, pois julgava ter nanorrobôs implantados no corpo pelo seu médico por ocasião de uma operação recente. Queixava-se de que esses nanorrobôs o escutam permanentemente e queria saber se podia ir a Toulouse, ao laboratório, para que eu os retirasse!

Será possível criar tantos "olhos" assim na escala de uma molécula? Sistemas desse tipo teriam de embutir uma calculadora, um emissor e uma antena em uma molécula. Ora, não há espaço suficiente para alojar tudo isso em uma única molécula. Subamos um pouco a escala e imaginemos um nanorrobô espião cujo tamanho atingisse uma dezena de nanometros. Esse nanorrobô é frequentemente representado por uma bela carapaça lisa equipada com nanopinças que manipulam moléculas, que, por sua vez, preservam uma estrutura atômica. Essas ilustrações difundem uma falsa ideia dos nanorrobôs, mostrando-os como robôs macroscópicos com equipamentos macroscópicos, ao passo que serão constituídos de moléculas. Contudo, imaginemos que um nanorrobô RFID possa ser fabricado. Introduzido no corpo humano, ele não poderia permanecer imóvel, e se deslocaria. O sinal de radiofrequência que ele emitisse iria perder-se então em ecos e se difrataria no corpo. Seria muito difícil, se não impossível, comunicar-se diretamente com ele. Além disso, não temos um indício de pista para imaginar como nanocomunicar informações com esse nanorrobô. Ele seria excessivamente pequeno para nossos meios de comunicação.

Só somos capazes de nos comunicar com sistemas de vários micrometros de envergadura, isto é, do tamanho dos RFID fabricados atualmente ou nos anos vindouros. Nem todos os dispositivos microeletrônicos podem ser miniatuarizados ao extremo: o que é possível na escala do micrometro não é possível na do nanometro. Ora, reina a confusão entre as duas escalas, o que sugere que nanorrobôs poderiam ser dotados das funções mais sofisticadas, o que está longe de ser o caso.

Mas deixemos de lado essas questões técnicas e imaginemos que cientistas consigam, contrariando toda a expectativa, fabricar RFID moleculares daqui a 20, 50 ou 100 anos e achem uma solução para trocar informações com uma única molécula viajando no corpo humano. O que fazer com essas nanomáquinas? Ninguém pode responder a essa pergunta, pois ninguém faz a menor ideia dos costumes sociais, das necessidades e dos anseios então vigentes.

Na França, a CNIL (Comissão Nacional de Informática e das Liberdades) já soou o alarme a propósito dos RFID atuais. Ela considera que os RFID podem conter informações que, apesar de uma aparência insignificante, poderiam concernir mais ao indivíduo que ao objeto marcado. Em virtude disso, inseriu os RFID no âmbito da lei "Informática e liberdades", que se refere aos arquivos informáticos.

Rumo a uma nanomedicina?

Todos desejamos nos manter saudáveis. Mas até que ponto se cuidar? Quando uma medicina "molecular" desponta no horizonte, e máquinas moleculares talvez consigam detectar, na escala das moléculas, o primeiro episódio de uma mutação genética, alguns interrogam-se: devemos levar a medicina a esse ponto? Aonde ela levaria? Será preciso "corrigir" predisposições genéticas para o câncer, sem saber se um dia elas se manifestarão ou não, ou amenizar predisposições a afecções menores? Outros fazem menos perguntas, esperando que essa "nanomedicina" do futuro aprimore o corpo humano e leve à imortalidade.

É o caso de Tom Morrow, Max More ou Natasha VitaMore, autoproclamados futurólogos, que se acham à frente da associação dos "transumanistas", a WTA (World Transhumanist Association). Os "transumanistas" exaltam as virtudes do progresso e pregam "o direito moral de se servir da tecnologia para aumentar nossas capacidades físicas, mentais ou reprodutivas". "Queremos nos expandir transcendendo nossos limites biológicos atuais", declaram esses indivíduos, que procuram modificar o curso da evolução humana para fazer surgir novos homens de que eles se dizem precursores.

O que têm as nanotecnologias a ver com tudo isso? Max More responde usando o exemplo dos nanomateriais: "Poderíamos tecer nos ossos do nosso crânio moléculas de diamante a fim de torná-los praticamente indestrutíveis. Nossos cérebros atualmente são muito vulneráveis, ao passo que, com nanofibras de diamante, um caminhão passando sobre nossa cabeça seria apenas um inconveniente banal."[8]

Acima de tudo, os transumanistas aspiram a permanecer jovens, não apenas por muito tempo, mas... eternamente. Um sonho velho como o mundo, remontando pelo menos aos primeiros alquimistas chineses, que, em 4500 antes da nossa era, já procuravam as receitas de imortalidade.[9] Não as descobriram, nem ninguém desde então. Os transumanistas depositaram suas esperanças na genética e acompanharam fascinados os experimentos de manipulações, aguardando o advento da IGM, isto é, da imortalidade geneticamente modificada. Também depositam grandes esperanças nos órgãos artificiais, que substituirão os órgãos humanos, como as peças sobressalentes de um carro. Sonham assim com ciborgues, metade máquina metade homem, bem como em implantar no cérebro chips contendo toda a enciclopédia (ideal contra os lapsos de memória) ou olhos artificiais com opções zoom e infravermelho (prático para enxergar à noite). "Já usamos lentes de contato ou próteses de quadril. Por que não aumentar nossas capacidades?", indagam. Stelarc, artista australiano transumanista, que implantou uma terceira orelha de teflon (mas no braço, o que atrapalha sua eventual funcionalidade), responde: "Um dia, todos nós pediremos para receber implantes de modo a aumentar nosso saber e nossa inteligência; eu apenas estou um pouco adiantado em relação a vocês."[10]

Os transumanistas sentem-se insatisfeitos com esse corpo que não para de envelhecer para finalmente — suprema contrariedade — morrer. Uma vez que o corpo constitui um problema, melhor suprimi-lo. Existir sem corpo? "Bastaria" escanear o conteúdo do cérebro, telecarregá-lo na memória de um computador e ressuscitar a vontade, seja no corpo de um outro, seja, para os mais extremistas, sob a forma de software no espaço virtual, um "paraíso digital".

Essas perspectivas não fazem os leitores vibrar de entusiasmo? "Nos Estados Unidos, temos os Amish, grupo religioso que há anos restringe o uso de certas técnicas a fim de preservar seu equilíbrio social. Para fazer um paralelo, haverá seguramente "Humanish" que irão preferir ser estritamente humanos, não ter acesso às manipulações genéticas, não aumentar sua inteligência, não viver muito mais tempo",[11] explica Max More, mostrando condescendência com as ovelhas desgarradas.

À pergunta "até que ponto se cuidar?", os transumanistas não colocam limites. Entre seus simpatizantes estão pesquisadores renomados:[12] Marvin Minsky, o pai da inteligência artificial, Hans Moravec, o "papa" da robótica, ou Ray Kurzweil, o inventor do sintetizador, que eles usam como avalistas científicos. Para Ray Kurzweil, o homem será imortal daqui a 20 anos, graças a milhões de microrrobôs do tamanho de um glóbulo sanguíneo que irão reparar nossos órgãos dia e noite recriando novos tecidos.[13] Paradoxalmente, os mais ardorosos em levar adiante as ideias dos transumanistas são... seus adversários, que os apontam como bicho-papão: "Vejam o mundo que nos espera se permitirmos o progresso, as nanotecnologias, a genética, a informática", dizem eles. Atribuem a esse movimento um impacto considerável. Em setembro de 2007, a associação dos transumanistas compreendia 4.519 membros, metade deles nos Estados Unidos e um terço na Europa, um número, afinal, bem reduzido.

Aplicações militares em vista

No desenho animado *A espada era a lei*, de Walt Disney, Merlin trava um terrível combate de feitiçaria contra a bruxa Madame Min. Como último recurso, utiliza sua arma suprema: transforma-se em vírus e torna-se invisível. Os adversários das nanotecnologias insurgem-se contra as possíveis aplicações militares das nanotecnologias, pois estimam que uma arma invisível é mais perigosa que uma arma visível. Laboratórios de pesquisa pública acrescentaram o prefixo mágico "nano" a seus trabalhos para se beneficiar de financiamentos destinados a "aperfeiçoar" sistemas de armamento. Mas, concretamente, a maioria não utiliza senão técnicas clássicas de miniaturização.

Não existe especificidade particular das nanotecnologias nas tecnologias de guerra. Assim, quando o MIT, nos Estados Unidos, obteve do Exército americano um orçamento considerável para criar o seu Nano-Soldier Institute, ele acima de tudo agarrou uma soberba oportunidade e usufruiu o maná financeiro concedido às nanotecnologias. Nesse instituto, se estuda como os nanomateriais podem melhorar as roupas de combate para proteger um soldado ferido ou aumentar suas chances de sobrevivência em meio hostil, mas ali não se inventa arma invisível, ao contrário do que os antimilitaristas pensam; tampouco prepara-se secretamente alguma nanobomba. Aliás, com que se pareceria uma nanobomba? E qual seria seu interesse militar?

Seja ou não possível fabricar nanobombas, sejam elas mais perigosas que minibombas ou macrobombas, o problema não reside na técnica dos armamentos, mas na investigação dos novos conhecimentos para fins militares. Essa discussão não é de hoje, e conhecemos a resposta: enquanto o mundo não for total e definitivamente desmilitarizado, países continuarão a extrair o melhor dos trabalhos de seus cientistas para garantir a segurança de sua população. Trata-se de uma questão social que opõe militaristas e antimilitaristas. Essa questão se impõe, seja qual for o tamanho do aparato de destruição.

E além?

Nas últimas décadas, surgiram diversas novas tecnologias. "É demais!", dizem alguns. "É demais para nossa civilização e demais para nosso planeta." O sociólogo alemão Ulrich Beck debruçou-se sobre a origem dessa opinião: passamos de uma sociedade industrial em que o progresso beneficiava o maior número, e os riscos, como acidentes de trabalho, eram circunscritos, para uma sociedade em que os riscos são planetários e de uma amplitude potencialmente colossal (poluição, acidentes numa central nuclear etc.). Os riscos tornaram-se "indomáveis", mesmo por instâncias governamentais. O Estado é acusado de não garantir mais a proteção dos cidadãos e até suspeito de omitir informações (o caso do sangue contaminado, o impacto de Chernobil na França etc.). O progresso não era o mesmo de antes.

O suposto perigo das nanotecnologias tornou-se uma questão política. Na Grã-Bretanha, o príncipe Charles ficou abalado com os "enormes riscos ambientais e sociais" ligados às nanotecnologias, fazendo com que o ministro das Ciências, Lord Sainsbury, solicitasse um relatório à Royal Society e à Royal Academy of Engineering.[14] Na França, as nanotecnologias foram objeto de uma audiência sobre o tema "riscos potenciais, questões éticas" na Assembleia Nacional em novembro de 2006. Um deputado de Isère propôs que "a França tomasse a iniciativa, no âmbito internacional, da criação de uma instância de controle e de acompanhamento das nanotecnologias", enquanto os ecologistas eleitos de Grenoble pediam uma moratória das pesquisas referentes às nanotecnologias em sua cidade.

"Exagero!", dizem também militantes antinanotecnologias, que pleiteiam a rigorosa aplicação do princípio de precaução às nanotecnologias e o fim das pesquisas. Essa rejeição é acrescida de uma recusa de consumir cada vez mais. "Repelimos o supérfluo eletrônico. Recusamos consumir cada vez mais geringonças inúteis, poluentes fabricáveis e elimináveis. Não à palhaçada nanofashion!", clamam os militantes da associação Pièces et Main-d'Oeuvre. Essas reivindicações antinanotecnologias estão ligadas à atual demanda de uma interrupção no crescimento econômico. E, segundo eles, a interrupção do crescimento econômico passa pelo abandono da pesquisa científica. Com efeito, presumindo-se os cientistas na fonte da produção dos conhecimentos, que resultaram em todas essas novas tecnologias poluentes, não há outra solução, estimam eles, senão fechar os laboratórios de pesquisa: "Somos cada vez mais numerosos os que rejeitamos a continuação do desenvolvimento econômico e das pesquisas, palavras de ordem ocas de um futuro sem horizonte."[15] Mas uma civilização como a nossa, como a dos países ocidentais, poderia deter-se num estado estacionário? Não seria ela, como nosso planeta, um sistema em evolução constante? Seria possível impedir o ser humano de inovar?

O que pensam os países do sul acerca dessas atitudes de repugnância diante do progresso e de nossa desconfiança em relação às nanotecnologias? Pois essa desconfiança é típica da Europa (onde é difícil encontrar textos favoráveis às nanotecnologias fora das esferas científicas) e dos Estados Unidos, onde sua repercussão é mais fraca, pois a população se interessa, em sua maioria, pelos avanços científicos e técnicos. Na Ásia, bem como nos países em desenvolvimento, o estado de espírito é positivo em relação às nanotecnologias, pois elas trazem esperança: esperança de uma nova aventura científica e esperança de um desenvolvimento econômico dos quais esses países não seriam excluídos. Por exemplo, em Cingapura, Estado quase desprovido de matérias-primas, a invenção de tecnologias da eletrônica que exigiriam pouquíssimas matérias-primas seria uma bênção para reduzir as importações e aumentar o desenvolvimento econômico. Por conseguinte, esse país defende ardorosamente a pesquisa sobre as nanotecnologias.

Os grandes países, como a China ou a Índia, seguem o caminho ocidental, isto é, o da NNI (em inglês, National Nanotechnology Initiative), traçado pela potência norte-americana. Todavia, alguns jovens cientistas desses países, ou de outros em desenvolvimento, desejam agarrar a oportunidade oferecida pela nanotecnologia e dar início a uma nova aventura científica, diferente da traçada pela NNI. Os recursos do planeta não são infinitos. Eles querem então inventar um modo de desenvolvimento que não se fundamente, como o nosso, em recursos de matérias-primas não renováveis e pouco recicláveis, mas que utilize o mínimo possível de matérias-primas. Querem mostrar aos países do norte que é possível se desenvolver preservando o planeta.

Em busca do bom senso

Nos debates sobre as nanotecnologias, surgem perguntas sérias sobre quimeras de ficção científica, examina-se com a maior gravidade do mundo o roteiro apocalíptico da gelatina cinzenta, inventam-se novas siglas, como OAM, que não se referem a nada de tangível. Não haveria com que se preocupar? Enquanto se discutem essas questões, deixam-se de lado problemas bastante atuais e muito mais importantes. Enquanto a opinião detém-se nesses assuntos, desvia-se de outros muito mais urgentes.

Os progressos da ciência levantam algumas questões. Convém prosseguir com as pesquisas quando a lei de Murphy, que enuncia que "tudo que pode dar errado dará errado", nunca é desmentida? Em nome do princípio de precaução, em nome de um futuro desconhecido, alguns reivindicam uma moratória para as nanotecnologias. Controlaremos nosso controle? preocupam-se. O filósofo Paul Virilio escrevia: "Inovar o navio já é inovar o naufrágio; inventar a máquina a vapor, a locomotiva era também inventar o descarrilamento, a catástrofe ferroviária ... cada período da evolução técnica trazendo, com seu lote de instrumentos e máquinas, o aparecimento de acidentes específicos, reveladores 'em negativo' da eclosão do pensamento científico."[16]

Os inimigos da ciência pedem a interrupção da nanotecnologia, que ela não dê o passo seguinte, ou pelo menos que faça uma pausa. Mas as nanotecnologias não estão em questão. Como em todas as épocas, o problema aqui é a própria natureza da centelha que leva um indivíduo a compreender o mundo que o cerca ou seu mundo interior. Essa centelha, como um pequeno demônio essencial ou uma fada madrinha, esconde-se em cada um de nós. Não está nas mãos de ninguém apagá-la.

Anexo I

Pequena história da microscopia

Para se enxergar uma molécula, é inútil utilizar uma lupa. Uma molécula de água mede 0,3 nanometro, ou seja, 0,3 milionésimo de milímetro. Uma molécula de benzeno é um pouco maior: 0,5 nanometro. Os glucídios e os lipídios, compostos de carbono, oxigênio e hidrogênio, são grandes moléculas, que alcançam 1 nanometro. Compostas de aminoácidos, as proteínas são 10 vezes maiores: uma dezena de nanometros. O DNA é uma molécula gigante, uma "macromolécula", cujo comprimento ultrapassa vários micrometros, até mesmo metros quando é desdobrada. Mas mesmo uma molécula tão gigantesca não pode ser vista com uma lupa.

Que instrumento utilizar para ver uma molécula? Um microscópio óptico permite observar, graças à luz, um objeto minúsculo, cuja imagem aumentada aparece na lente. Atualmente, um microscópio capaz de aumentar até mil vezes um objeto é comprado nos supermercados. Por uma centena de euros, podemos observar os pelos das patas de uma pulga, os animálculos nadando numa gota de água ou as facetas de um olho de mosca, como fizeram os primeiros microscopistas, Robert Hooke, Antoine van Leeuwenhoek ou Galileu, no século XVII.

Com um microscópio desse tipo, um fio de teia de aranha ou um cabelo de 50 micrometros terá um diâmetro aparente de 5 centímetros. A molécula de água, por sua vez, deveria aparecer com um tamanho aparente de 0,3 micrometro e ser visível! Infelizmente, apesar de toda a obstinação dos microscopistas, a imagem da molécula de água nunca apareceu na lente de um microscópio óptico e nunca irá aparecer. É a ausência de luz: ela se decompõe (se "difrata") refletindo-se sobre o objeto na medida em que este é da ordem de grandeza do comprimento de onda da luz. Ora, esse comprimento de onda é justamente da ordem de um décimo de micrometro. A imagem aparece então difusa ou desaparece da lente.

Outros microscópios utilizam luz invisível a olho nu (ultravioleta, infravermelho etc.) ou feixes de partículas, até mesmo fenômenos quânticos, como o microscópio de tunelamento, de que se falou muito neste livro.

Atualmente os microscópios são classificados em duas categorias. Ou a fonte de luz ou de partículas está situada longe do objeto, caso em que o microscópio é dito de campo distante, ou está bem perto, e o microscópio é dito de campo próximo (a distância sendo avaliada em relação ao comprimento da onda utilizado). Para compreender essa diferença, voltemos ao bom e velho vidro ampliador utilizado em 1668 pelo holandês Van Leeuwenhoek. O vidro ampliador é na realidade um microscópio óptico de uma só lente, quase esférica. A luz, oriunda, por exemplo, do Sol ou de uma lâmpada, é captada por um jogo de espelhos e reflete no objeto. Ela então atravessa a lente e fornece uma imagem ampliada do objeto, que podemos ver diretamente.

A fonte de luz estando afastada, trata-se de um microscópio de campo distante.

Um cego utiliza o tato para "ver" um objeto: varrendo linha por linha com a ponta da unha, é possível construir uma imagem mental do objeto. Ao proceder assim, usa uma técnica de "campo próximo". Quando a unha do dedo é substituída por uma agulha bem fina, a varredura ganha em precisão e a imagem pode ser reconstruída com grande definição. A microscopia de campo próximo foi inventada para substituir a microscopia de campo remoto em situações em que esta fica cega em virtude do fenômeno de difração.

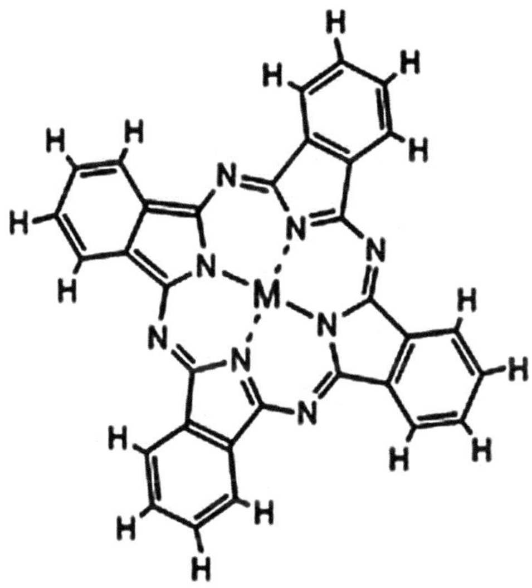

FIGURA 1: Estrutura química da molécula de ftalocianina metálica sintetizada pela primeira vez pelos químicos suíços H. de Diesbach e E. von der Weid em 1927. Com a ftalocianina de cobre, de fórmula química $C_{32}H_{16}CuN_8$, o átomo central M é um átomo de cobre. Essa estrutura atômica foi determinada pela primeira vez pela técnica da difração dos raios X em 1936. Ao fornecer o tamanho máximo dessa molécula, a diagonal imaginária passando por M e dois dos átomos de hidrogênio N centrais mede 1,5 nanometro.

A fim de melhor apreender as grandes etapas da história da microscopia, seguiremos passo a passo as aventuras de uma molécula que vem se beneficiando de todos os progressos da microscopia (e outras técnicas) há mais de um século: a ftalocianina de cobre (Fig.1). Trata-se de uma molécula de tamanho médio, que deve ser colocada em solução, cristalizada ou depositada na superfície de um sólido para poder ser observada. Foi sintetizada pela primeira vez em 1927. Hoje, é corriqueiramente utilizada: é ela que dá a cor azul aos sacos de lixo de plástico.

A difração de raios X

A aventura começa em 1933, quando o químico inglês Patrick Linstead lançou-se no estudo da estrutura atômica da ftalocianina de cobre. Para isso, ele utilizou a difração de raios X. Essa técnica não é microscopia, pois fornece uma imagem "indireta" da molécula. Como seu nome indica, ela se baseia no fenômeno de difração — o mesmo que tanto instiga a microscopia. Raios X, enviados sobre um cristal da amostra a ser analisada, fornecem uma imagem geométrica, de acordo com as distâncias interatômicas, que permite remontar à estrutura do cristal.

Num cristal de moléculas, bilhões de moléculas idênticas são empilhadas. Mantidas no lugar por suas vizinhas, elas pouco se mexem: este é um ponto crucial para realizar uma imagem. Quando o cristal é suficientemente fino, a luz visível consegue atravessá-lo. Entretanto, seu comprimento de onda (de 400 a 800 nanometros) é grande demais para transmitir uma informação: é um pouco como se tentássemos agarrar uma avelã com uma retroescavadeira. É necessário utilizar comprimentos de onda bem menores. Os raios X convêm perfeitamente: têm comprimentos de onda equivalentes às distâncias entre os átomos num cristal, ou seja, alguns nanometros, até menos. É graças a eles, para citar apenas um dos primeiros exemplos históricos, que conhecemos a estrutura do cloreto de sódio, ou sal de cozinha: malhas quadradas de 0,4 nanometro de lado, cujos topos são ocupados por íons cloro e sódio.

Patrick Linstead entregou seus cristais de ftalocianina de cobre a um jovem pesquisador, John Robertson, que efetuou longos cálculos para determinar a organização das moléculas no cristal (Fig.1) e para compreender a organização da própria molécula: trata-se de um quadrado de 1,3 nanometro de lado.

A ftalocianina de cobre em fotografia

Os grandes tipos de microscópios eletrônicos atuais baseiam-se num mesmo princípio. Trata-se de colocar uma agulha metálica bem fina em face de uma placa metálica. Se aplicarmos uma tensão elétrica suficiente entre esses dois elementos, a agulha começa a emitir elétrons. Tudo depende então da distância entre a ponta da agulha e a placa.

O microscópio "de emissão de campo" e o microscópio "eletrônico" foram inventados nos anos 1930. Uma competição encarniçada — e longa — foi travada imediatamente entre as equipes que trabalhavam nessas máquinas. Elas lutavam para serem as primeiras a alcançar a resolução atômica, isto é, para obter a imagem de um átomo numa tela. Gaston Dupouy, um dos pais da microscopia eletrônica na França, enunciava num discurso perante as academias, no final dos anos 1960: "Meu objetivo é a visão dos próprios átomos." Essa corrida começou na Alemanha, nos laboratórios da Telefunken (que virou Siemens); os dois jovens em ação chamavam-se Erwin Müller e Ernst Ruska.

Erwin Müller era um personagem curioso e pertinaz. Queria absolutamente demonstrar que o feixe de elétrons emitidos pela agulha continha uma informação sobre a posição dos átomos dessa agulha. Colocando a tela fosforescente suficientemente longe, pretendia obter, por projeção, uma ampliação da organização dos átomos, como por um efeito de silhueta. Para testar essa ideia, inventou em 1936 o microscópio de emissão de campo. Infelizmente, embora multiplicasse os testes, não conseguiu obter imagem de átomos. Porém, em 1951, um experimento deu errado: um pouco de hidrogênio poluiu acidentalmente a cápsula em que se acha o dispositivo. Müller inverteu sem querer a polaridade da tensão entre a agulha e a placa, criando assim íons hidrogênio na superfície da agulha. Projetados no lugar dos elétrons, eles desenharam na tela fluorescente... a imagem de fileiras de átomos!

Müller prosseguiu com seus experimentos com gases mais pesados e pouco reagentes, como o hélio e o neônio, preparando com um esmero cada vez maior a ponta da agulha de tungstênio, até ver aparecer na tela os átomos de tungstênio presentes na superfície da agulha. Erwin Müller foi, assim, o primeiro homem a obter a imagem de um único átomo. Isso aconteceu em 1955. Seria preciso esperar até 1991 para que Don Eigler, pesquisador da IBM na Califórnia, se tornasse o primeiro homem a tocar um átomo com a ponta de um microscópio de tunelamento. Mas isso é outra história, contada no Capítulo 3.

A sequência dos experimentos de Müller é menos conhecida. Ele introduziu, voluntariamente ou não, um pouco de ftalocianina de cobre em sua cápsula. Algumas moléculas depositaram-se sobre a agulha. Na tela apareceu então a imagem dos átomos de tungstênio, como antes, mas também estranhas nuvenzinhas que apresentavam quatro lobos simétricos. A distância entre dois átomos de tungstênio na ponta da agulha é conhecida e serve de parâmetro para medir as dimensões dos lobos. Ele os comparou às distâncias obtidas por Robertson por difração de raios X, e as dimensões coincidiam. Por microscopia de emissão de campo,

Erwin Müller conseguiu obter em 1957 a primeira imagem de uma única molécula (Fig.2) A ftalocianina de cobre era, mais uma vez, objeto de uma estreia científica.

Müller ainda faria diversas imagens de outras moléculas. Nessa época, o microscópio de emissão de campo estava 15 anos à frente do seu concorrente, o microscópio eletrônico. Mas essa técnica é limitadora e necessita das condições extremas de campo elétrico e de pressão. Além disso, ela não fornece a estrutura atômica das moléculas, como fazem os dispositivos de raios X e o microscópio eletrônico. Em nossos dias, a microscopia iônica de campo está reservada à caracterização da estrutura das agulhas em escala atômica, uma informação essencial para os microscópios de tunelamento.

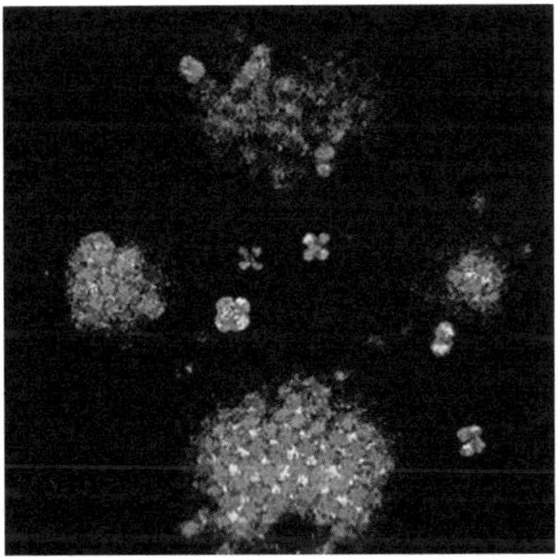

FIGURA 2: Imagem em microscopia de emissão de campo de algumas moléculas de ftalocianina de cobre sendo depositadas sobre uma agulha de tungstênio. Essa imagem foi registrada por E. Müller em seu laboratório na Universidade da Pensilvânia, em 1957. Cada molécula assume a forma de uma pequena cruz de quatro braços claramente identificável na imagem. Essa imagem é a reprodução da fotografia da tela fosforescente utilizada por E. Müller, em que são projetados os elétrons emitidos pela agulha de tungstênio, alguns dos quais atravessam moléculas.

Nascimento da microscopia eletrônica

No início dos anos 1930, Ernst Ruska, engenheiro da Universidade de Berlim, encarregou-se de estudar os parâmetros necessários ao controle do diâmetro do *spot* formado por um feixe de elétrons passando através de uma placa metálica perfurada. Verificou em primeiro lugar que um solenoide (um carretel de fio elétrico agindo como um ímã) fazia variar o diâmetro de um feixe de elétrons que o atravessava, da mesma forma que uma lente convexa atua sobre um feixe luminoso. Levou adiante a analogia entre os elétrons e a luz, construindo um microscópio de transmissão com uma fonte de elétrons, um solenoide e uma tela de projeção (o conjunto, evidentemente, a vácuo). Colocou o pequeno objeto a ser ampliado entre o solenoide e a tela — o solenoide desempenhando o papel da lente ampliadora de um microscópio óptico. Obteve um aumento de 14,4: acabava de inventar o microscópio eletrônico. Conhecendo o limite teórico da imagem com luz, teve uma intuição: seus elétrons poderiam conferir uma resolução melhor. Infelizmente, a tese de Louis de Broglie, publicada em 1927, frustrava suas esperanças, uma vez que nela era demonstrado que uma onda está associada ao elétron, como em toda partícula material. Ruska pensava escapar ao limite teórico da óptica, e eis que seu microscópio também se curvaria à física das ondas, logo, à difração. Mas ele não esmoreceu e, em 1932, demonstrou que o limite de resolução de um microscópio eletrônico seria de 0,22 nanometro. Nasciam novas esperanças: era possível, em teoria, ver átomos!

A corrida de desempenho então começa. No fim dos anos 1930, o microscópio eletrônico ampliou 30 mil vezes, depois 100 mil vezes nos anos 1950. Seria ainda necessário ganhar pelo menos um fator 1.000. A Telefunken foi o berço desses progressos. Lá, jovens pesquisadores apaixonaram-se por esse desafio e contribuíram, paralelamente, para o desenvolvimento da televisão. Tudo foi testado: a transmissão dos elétrons através da amostra, a reflexão, a varredura por um fino pincel de elétrons e combinações dessas estratégias, mas nenhum átomo à vista. Somente em 1970 a microscopia eletrônica exibiu seus primeiros átomos, e não na Alemanha, mas nos Estados Unidos, graças a um microscópio eletrônico ao mesmo tempo de varredura e de transmissão.

Em 1974, nossa molécula de ftalocianina de cobre era novamente foco de atenção. Um pesquisador da Universidade de Tóquio a escolheu como modelo de estudo, pois ela dispõe de um átomo de cobre em seu centro, visível na microscopia eletrônica de transmissão. Ainda que o microscópio não permitisse ver todos os átomos de carbono e nitrogênio da molécula, H. Hashimoto esperava observar uma rede regular constituída de átomos de cobre. Colocou então um pequeno cristal de ftalocianina de cobre em seu microscópio e obteve magníficas imagens (Fig.3)! Essa téc-

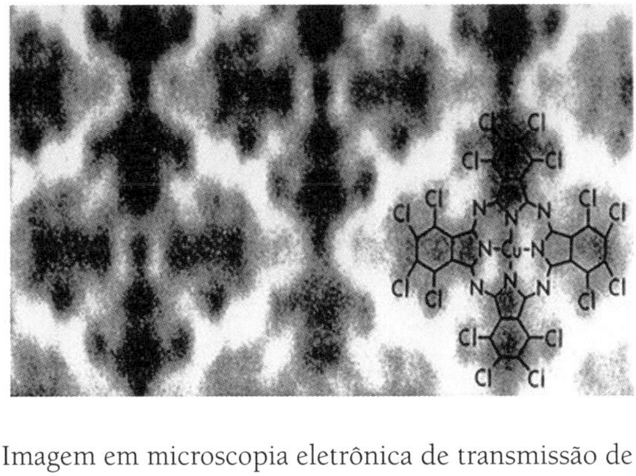

FIGURA 3: Imagem em microscopia eletrônica de transmissão de um cristal ultrafino obtida por H. Hashimoto em seu laboratório da Universidade de Tóquio em 1974. A estrutura química de uma dessas moléculas é superposta à imagem registrada numa placa fotográfica comum depois da passagem do feixe de elétrons através do cristal.

nica apresentava outra vantagem: não exigia condições drásticas de pressão, e a imagem era diretamente observável, ao contrário da difração por raios X.

O microscópio de tunelamento

Nos microscópios que acabamos de descrever, a agulha ou ponta emissora fica bem distante da tela de observação. O que acontece quando a agulha está próxima da tela metálica? A agulha e a tela formam um minúsculo condensador que é possível carregar aplicando-lhe uma tensão. Por exemplo, uma tensão da ordem de 1 volt permite acumular alguns elétrons nos limites desse condensador (para uma distância entre a agulha e a superfície mantida a alguns nanometros). Como a tensão da polarização (tensão nos limites do condensador) é fraca, os elétrons não são emitidos pela ponta da agulha, ao contrário do microscópio eletrônico.

Mas esse minúsculo condensador apresenta uma falha: é tão pequeno que suas duas partes interagem eletronicamente através do espaço entre a ponta da agulha e a superfície. Isso significa que um elétron "não sabe muito" a que parte pertence. Dessa "hesitação" quântica resulta uma pequena corrente de fuga, chamada corrente túnel. Para uma tensão de polarização de 1 volt e uma distância de 1 nanometro entre a ponta e a superfície, sua intensidade é da ordem de 1 nanoampère e decresce à medida que a ponta se afasta da superfície. Essa corrente túnel parece fraca, mas assim mesmo corresponde a 10^{10} elétrons transferidos por segundo entre a agulha e a superfície. Essa falha iria se tornar um trunfo importante nas mãos de Heinrich Rohrer e Gerd Binnig, dois pesquisadores do laboratório de pesquisas da IBM em Zurique, Suíça.

No final dos anos 1970, Rohrer passou a se interessar pelas falhas presentes nos filmes isolantes ultrafinos depositados na superfície de um metal ou de um semicondutor. As dimensões dessas falhas são frequentemente inferiores a 10 nanometros, mas elas prejudicam a qualidade dos dispositivos de gravação magnética ou a confiabilidade dos pequenos transistores eletrônicos. Ora, nenhuma técnica de microscopia permite então examinar a estrutura dessas falhas sem destruí-las. Binning e Roher tiveram então a ideia de utilizar a pequena corrente de fuga do efeito túnel, que poderia fornecer um excelente recurso para caracterizar as propriedades eletrônicas de uma falha, e avaliar a distância entre a ponta da agulha e a superfície, isto é, determinar o relevo da amostra. Com Christoph Gerber, engenheiro de pesquisa da IBM, os dois pesquisadores tentaram montar as peças de um instrumento combinando uma agulha bem fina, em condições de subir e descer à vontade até a superfície de silício, e um dispositivo capaz de medir uma corrente ínfima, da ordem do nanoampère. Esperavam, varrendo a superfície com a agulha e recolhendo a intensidade da corrente túnel, reconstruir uma imagem linha por linha, como nos microscópios eletrônicos de varredura.

Os três pesquisadores levariam três anos construindo um primeiro protótipo. Em 1981, verificaram experimentalmente a lei de variação da corrente túnel em função da distância entre a agulha e a superfície. A intensidade dessa corrente é dividida por 10 quando a ponta da agulha se afasta de apenas 0,1 nanometro da superfície. O deslocamento da agulha deve então ser extremamente preciso. Eles conseguiram comandar a ponta com uma precisão nunca antes igualada, e varrer a superfície do metal sem se afastar muito dela, nem, ao contrário, aproximar-se demais (perigo de riscá-la), graças a três pequenas barras constituídas de um material que, submetido a uma tensão elétrica, deforma-se muito ligeiramente.

Na prática, a varredura é realizada mantendo-se constante a corrente túnel: a agulha sobe e desce ao sabor do relevo da superfície. Porém, em vez de registrar degraus regulares como esperavam para a superfície "lisa" de sua amostra, as linhas de varredura fizeram aparecer, no outono de 1982, uma série de pequenas corcovas: o perfil registrado pelo instrumento fornecia a exata topografia atômica da superfície do cristal objeto da varredura! O microscópio de tunelamento acabava de nascer; seus inventores receberiam o Prêmio Nobel de Física em 1986.

O microscópio de tunelamento é um microscópio de campo próximo, uma vez que a ponta da agulha é mantida próxima à superfície. Se, por acidente, a agulha tocar a superfície, a corrente irá atingir intensidades da ordem de 100 microampères, ou seja, 100 mil vezes mais que a corrente túnel. Um mecanismo de amortecimento evita que vibrações mecânicas externas perturbem essa regulação. Desde sua descoberta, o microscópio de tunelamento permitiu observar um grande número de superfícies de metais e semicondutores, e resolver um número igual de problemas de cristalografia de superfície. Um derivado do microscópio de tunelamento, o microscópio "de força atômica", utilizando as forças de interação entre a extremidade da ponta e a superfície escaneada (forças de atração de Van der Waals e forças de repulsão ligadas ao princípio de não penetração dos átomos), veio então completar a gama dos microscópios de campo próximo.

Voltemos agora à nossa molécula de ftalocianina de cobre. A agulha do microscópio de tunelamento varre superfícies e fornece suas imagens. O que acontece se depositarmos átomos ou moléculas sobre essa superfície? Com a condição de que esses pequenos objetos sejam um pouco transparentes aos elétrons do efeito túnel, não poderiam eles aparecer na imagem como protuberâncias sobre a superfície? Jim Gimzewski, pesquisador da IBM em Zurique, em 1987, escolheu a ftalocianina de cobre para verificar essa hipótese. Depositou um conglomerado dessas moléculas num canto de uma superfície de prata, excelente condutora. Mergulhou então a agulha do microscópio de tunelamento no conglomerado, agarrou algumas moléculas na passagem e levantou um pouco a ponta da agulha, para deslocá-la para outro local da superfície. Ali, aproximou-a da superfície, onde depositou algumas moléculas esparsas. Limpou em seguida sua ponta aumentando ligeiramente a tensão de polarização. Em seguida, deu início ao experimento: varreu com essa ponta limpa a superfície onde as poucas moléculas de ftalocianina de cobre se depositaram e obteve efetivamente uma imagem, a primeira imagem de uma molécula isolada realizada com um microscópio de tunelamento (Fig.4).

Essa imagem da ftalocianina de cobre assemelha-se curiosamente à obtida por Erwin Müller 30 anos antes. O experimento,

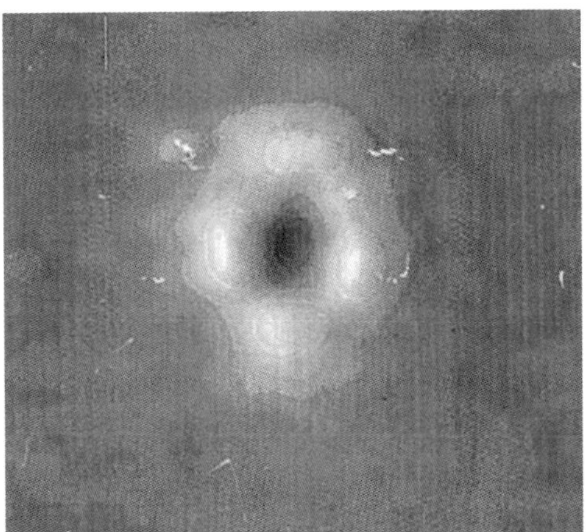

FIGURA 4: Imagem por microscopia de tunelamento de uma molécula de ftalocianina de cobre depositada na superfície de um cristal de prata. Essa imagem foi obtida em 1987 por J.K. Gimzewski em seu microscópio de tunelamento no laboratório de pesquisas da IBM, em Zurique. Os quatro lobos correspondem aos quatro lobos das cruzes brancas obtidas por microscopia de emissão de campo em 1957 (Fig.2). Escala da imagem: 5nm x 5nm.

entretanto, é o oposto: a molécula não está mais sobre a ponta, mas sobre a superfície. Uma nova aventura pode então começar, inédita e absolutamente inacessível à microscopia iônica de campo e à microscopia eletrônica: tocar a molécula com a ponta da agulha, que se torna o prolongamento do dedo do pesquisador...

Anexo II

As tribulações de um prefixo

Uma lenda conta que o poeta grego Minermo de Colofon, por volta do ano 600 antes da nossa era, foi enfeitiçado por uma musa flautista chamada Nanno. Na mesma época, marinheiros partiram do porto mercantil da Fócida rumo ao litoral sul da Gália. No lugar da atual Marselha vivia então uma tribo ligúria em vias de colonização pelos gregos. Seu rei chamava-se Nann e tinha uma filha para casar. Durante um banquete real, a filha do rei Nann devia escolher seu futuro marido. Um concurso de circunstâncias fez com que preferisse um dos marinheiros gregos a seu pretendente ligúrio. Durante o banquete foram servidos pãezinhos de mel, pãezinhos que ainda seriam conhecidos como "nannos", no porto de Marselha, séculos mais tarde. Nossas deliciosas "nannos" caíram depois no esquecimento. Nem os filósofos gregos que "inventaram" os átomos, nem, muito mais tarde, o advento da microscopia óptica ressuscitaram "nanno" para qualificar as mil pequenas coisas da natureza invisíveis a olho nu, quando justamente *nannos* significa "anão" em grego antigo. O prefixo "micro", do grego *mikros*, que significa "pequeno", iria prevalecer. Associado ao instrumento científico que permite ver o que é invisível a olho nu — o microscópio —, o prefixo "micro" irá marcar para sempre o que é pequeno.

Blaise Pascal não precisava de um empréstimo do grego quando se interrogou sobre os "animálculos" observados pelos primeiros microscópios ópticos. Mais tarde, em *Micrômegas*, os atores postos em cena por Voltaire eram grandes demais ou pequenos demais, até atômicos. O herói, Micrômegas (medindo 8 léguas de altura, ou seja, cerca de 30 quilômetros), originário de Sirius, associa-se a um anão de Saturno, que mede apenas 1.000 toesas, ou seja, 1,8 quilômetro, espécie de intermediário entre o grande e o pequeno. Os dois comparsas encontram os Terrenos, "átomos", que constituem a atração principal do conto filosófico de Voltaire. Esses átomos falam, são inclusive geômetras. Voltaire se pergunta se eles têm uma alma.

O primeiro "nanno" científico apareceu apenas em 1909, na Alemanha, por ocasião de um seminário da Sociedade Alemã de Zoologia. Hans Lohmann, eminente professor de zoologia da Universidade de Kiel, propôs chamar as algas microscópicas, observadas por ele em seu microscópio óptico, de *Nannoplankton*, argumentando que *nannos* é a tradução grega da palavra alemã *Zwerg*, que significa "anão". Preferia conservar os dois "n" de *nannos*, passando do substantivo ao prefixo. Em nossos dias, uma parcela dos biólogos ainda se identifica com a nannobiologia e intercambia seus resultados científicos em revistas especializadas como o *Journal of Nannoplankton Research*. Como mencionamos no Capítulo 5, outros nannobiólogos estudam atualmente as nannobactérias, cujas dimensões seriam bem inferiores a 100 nanometros. Lohmann foi obrigado a forjar um prefixo para qualificar os objetos de dimensões inferiores ao micrometro.

No início do século XX, a unidade de comprimento empregada para a mensuração das moléculas era o milionésimo de milímetro, oficialmente denominado o "sétimo centímetro" — impronunciável —, ou ainda o "micromilímetro". O estudo das radiações emitidas ou transmitidas por gases progredia rapidamente, e os raios X, cujo comprimento de onda é mais de mil vezes mais curto que o da luz visível, acabavam de nascer. A definição de novos submúltiplos do metro tornava-se indispensável. Basta percorrer os discursos dos Prêmios Nobel de Física entre os anos 1900 e 1920 para se convencer disso: eles apresentam seus resultados com às vezes cinco zeros depois da vírgula. Da mesma forma, nos artigos científicos da época, o comprimento de onda dos raios X é estimado em centímetros, ou seja, cerca de 0,000000001 centímetro! Os comprimentos de onda aparecem então em angstroms, do nome do físico sueco Anders Jonas Ångström, um dos criadores da espectroscopia. Ele estabeleceu o mapa do espectro da radiação solar, isto é, sua paleta de cores, exprimindo o comprimento de onda da radiação sob forma de múltiplos de dez milionésimos de milímetro (10^{-10} metro), unidade que se torna o angstrom (notado Å) em 1905.

Assim impelido pela necessidade de novos submúltiplos do metro, o prefixo "nano" fez então sua segunda aparição científica na história. Durante a sessão de outubro de 1958 da Comissão Internacional de Pesos e Medidas, o nanometro foi reconhecido como a bilionésima parte do metro, como proposto em 1956 pelo soviético G. Bourdoun. Os membros do Comitê escolheram um único "n" em nano para respeitar a regra de princípio segundo a qual prefixos gregos são atribuídos aos múltiplos e prefixos latinos aos submúltiplos. Por exemplo, o prefixo do múltiplo 1.000, "quilo", é tirado do grego *khilioi* (mil), ao passo que o do milésimo (10^{-3}), "milli", vem do latim *millesimus* (milésimo).

Nos anos 1950, para construir outros prefixos, foi necessário encontrar outras raízes. Assim, *gigas* e *teras*, respectivamente "gigante" e "monstro" em grego, deram "giga" (10^9) e "tera" (10^{12}). De acordo com essa lógica, a raiz latina de "anão", *nanus*, foi preferida ao grego *nannos* para construir o prefixo "nano", que exprime o bilionésimo. Observemos que a regra continua aproximativa, pois "micro" (10^{-6}) deriva da palavra grega *mikros* (pequeno) e "pico" (10^{-12}) vem do italiano *piccolo* (pequeno).

Essa confusão entre o anão grego com dois "n", apontada por Lohmann, e o anão latino com um "n" só da Comissão Internacional de Pesos e Medidas tornou-se, com o passar dos anos, uma fonte de mal-entendidos. Nos anos 1960, recorreu-se ao Comitê Consultivo de Linguagem Científica da Academia de Ciências. Georges Delfandre, então diretor do laboratório de micropaleontologia da École Pratique des Hautes Études, pediu a opinião do Comitê sobre "a duplicação do 'n' no termo 'nannofóssil', voluntariamente construído em 1959 para ser classificado numa família de palavras já compreendendo 'nannoplâncton', 'nannofácies'...". Gaston Girard, reitor da Faculdade de Medicina de Montpellier, foi encarregado de uma investigação etimológica sobre esse prefixo, concluindo pela legitimidade das duas grafias. Finalmente, o Comitê Consultivo concluiu: a duplicação da letra "n" dependia das ciências nas quais os termos estavam implicados. Assim, "a paleontologia e a micropaleontologia conservam os dois 'n', enquanto a física (em especial a metrologia), a medicina e a fisiologia limitam-se ao uso de um único 'n'".

Essa separação institucionalizada entre o "nanno" e o "nano" em nada resolveu a ambiguidade entre o uso do prefixo "nanno", sinônimo de submicrônico, e uma definição precisa de "nano" como bilionésimo. Ao contrário, foi ratificada. Provavelmente os membros do Comitê Consultivo não imaginaram que os progressos da física, da tecnologia e da química fossem levar os físicos à escala nano, propelindo esse prefixo adiante. É possível assustar-se ao ver as belas imagens de átomos e moléculas produzidas a partir do final dos anos 1950. Sinais precursores na literatura científica e romances de ficção científica poderiam alarmar ao suscitarem um interesse pelo infinitamente pequeno. Porém, naquela época, o homem voltara-se acima de tudo para as maravilhas do infinitamente grande e para a conquista da Lua, com seus voos tripulados Apollo. Paradoxalmente, o programa Apollo tornou-se exequível graças à miniaturização dos componentes eletrônicos, os famosos chips eletrônicos. Mas ainda não era possível miniaturizá-los até o nanometro...

Entretanto, a partir do início dos anos 1960 os físicos se tornaram capazes de desenhar sulcos de 100 nanometros de largura na superfície dos materiais. Esses progressos estavam longe das proezas ocorridas nos metabolismos dos organismos vivos. Muitos físicos fascinaram-se com esses processos moleculares e os consideraram inclusive modelos de máquinas perfeitas. A descoberta da estrutura do DNA em 1953 levou-os também a pensar que era possível estocar uma grande quantidade de informações sobre alguns átomos. Por sua vez, os biólogos moleculares utilizaram modelos extraídos da tecnologia e da cibernética para explicar o funcionamento da genética como uma maquinaria. Uma macromolécula é um objeto extremamente pequeno, invisível a olho nu e ao microscópio óptico, um nanno-objeto, de certa forma. Mas uma macromolécula contém milhares de átomos: é muito mais volumosa que um nanometro. Isso pesa muito em favor do pequeno nano com um único "n".

Por volta do fim dos anos 1970, a expressão "física mesoscópica" apareceu para qualificar a física que estuda objetos do tamanho de uma macromolécula, situados na escala intermediária entre 10 e algo em torno de 100 nanometros. Quando o químico Ari Aviram, dos laboratórios de pesquisa da IBM, nas cercanias de Nova York, imaginou em 1974 um diodo molecular, isto é, um componente eletrônico que deixa passar a corrente numa única direção, constituído de uma única molécula, seu peso era muito inferior ao de uma proteína! Assim, com a biologia molecular, a física mesoscópica e a eletrônica molecular, a pesquisa encaminha-se inexoravelmente para o mundo "lá embaixo". Entretanto, nossos dois colegas "nanno" e "nano" estão totalmente ausentes do título dos seminários e das conferências científicas da época. Sua volta às boas graças deu-se no Japão em 1974, e teve início nossa terceira história de "nano".

Especialista em ciência dos materiais, Norio Taniguchi se perguntava como fabricar matérias com uma precisão da ordem do nanometro. Criou para isso a palavra "nanotecnologia". Durante os 15 anos seguintes, esse novo termo não chamou atenção. Foi preciso esperar a invenção do microscópio de tunelamento em 1981 para que ele ocupasse progressivamente o centro das atenções. Esse aparelho permite deslocar os átomos um a um, o que remete ao prefixo "nano", no vocabulário científico. A empresa Digital Instrument, sediada na Califórnia, chamava de *Nanos-cope I* o microscópio de tunelamento por ela comercializado. Na sequência, uma nova revista científica — *Nanotechnology* — foi criada na Inglaterra. Seu incentivador, David Whitehouse, professor na Universidade de Warwick, especialista em microengenharia e indústria de precisão, persuadiu um editor inglês de periódicos científicos de que a pesquisa em miniaturização rumo ao nanometro não passava de um balbucio, e que o mercado futuro era promissor. O primeiro número sai em julho de 1990, e D. Whitehouse nele previa que o título de sua publicação passaria de *Nanotechnology* a *Picotechnology*, torcendo para essa evolução.

O leitor deste livro está informado dos incidentes políticos que em seguida levaram "nano" à primeira página dos jornais. Seu status de prefixo é muito prático. Pode ser afixado a qualquer disciplina científica, mesmo à mais madura, que se paramenta assim de uma nanoindumentária novinha em folha para atrair o investidor. Nesse joguinho, solitária por enquanto, a matemática escapou da nanocamuflagem. A captura por "nano" de uma parte dos recursos financeiros dedicados à pesquisa científica é mundial. "Nano" está além do nosso planeta, com as supostas "nanobactérias" provenientes de Marte, cujos fósseis teriam sido encontrados num meteorito originário do planeta vermelho: "nano" rouba definitivamente a cena de "nanno", inclusive na biologia.

Porém, em virtude de sua ambição de estender sua influência, nosso prefixo "nano" chegou à saturação. Procura agora alcançar novos objetivos, sobretudo em biologia, química e mecânica. Também é declinado sob o rótulo da convergência para se abrir para novos horizontes: não se fala mais de nanotecnologias, mas de NBIC, sigla de "nanotecnologias, biotecnologias, tecnologias de informação e ciências cognitivas". Desviado de sua definição inicial de bilionésimo de metro, ele agarra-se a tudo que é pequeno e se vê cada vez mais associado à microtecnologia. O prefixo híbrido "micro & nano" é muitas vezes utilizado para formar um grupo de pressão ampliado e conseguir novas verbas para pesquisa ou capital para construir fábricas. Nessa confusão, alguns cientistas preferem agora utilizar o picômetro, 1.000 vezes menor, para qualificar sem ambiguidade a escala em que realizam suas pesquisas. Outros recorrem aos átomos para definir as tecnologias que desenvolvem "em escala atômica". E, para complicar tudo, o bolsão de resistência do duplo "n" continua a existir em biologia e paleontologia.

Notas

1. Desvio de rumo (p.13-24)

1. Ruedieg Kuher e Eric Williams, *Computers and the Environment. Understanding and Managing their Impacts* (relatório para a Unesco), Dordrecht, Kluwer Academic Publishers, 2003.

2. *Engines of Creation: The Coming Era of Nanotechnology*, Nova York, Anchor Books, 1986.

3. Seu interesse pelo desenvolvimento sustentável voltaria a se afirmar em 2006, com o lançamento do filme *Uma verdade inconveniente*, que lhe valeria o Prêmio Nobel da Paz em 2007.

2. Miniaturizar sempre e cada vez mais (p.25-53)

1. Discurso pronunciado na reunião anual da Sociedade Americana de Física no Caltech (California Institute of Technology) e publicado sob o título "There's plenty of room at the bottom: an invitation to enter a new field of Fhysics", *Engineering & Science*, 22 fev 1960.

2. Chris Toumey, "Apostolic sucession", *Engineering & Science*, vol.68, n.1/2, 2005.

3. Gordon E. Moore, "Cramming more components onto integrated circuits", *Electronics*, 19 abr 1965.

4. Um microprocessador é um conjunto de circuitos eletrônicos integrados à superfície de um semicondutor, compreendendo uma memória, circuitos de cálculo e sincronização e um conjunto de fios de interconexão.

5. Por seu trabalho em spintrônica, o físico francês Albert Fert recebeu o Prêmio Nobel de Física em 2007.

3. Permanecer "lá embaixo" (p.54-79)

1. As enzimas são macromoléculas cuja função é acelerar milhões de vezes uma reação química.

2. Henk Kubbinga, *L'Histoire du concept de molécule*, Paris, Springer, 2002.

3. O ar é composto de moléculas de diversos gases: nitrogênio, oxigênio, hidrogênio etc.

4. Monumentalizar (p.80-101)

1. Joël de Rosnay, "Les biotransistors: la microélectronique du XXIe siècle", *La Recherche*, jul-ago 1981.

5. As nanobactérias (p.102-114)

1. Henk Kubbinga, *L'Histoire du concept de molécule*, op.cit.

2. Didier Pol, "Une petite histoire des recherches scientifiques sur l'origine de la vie", INRP, http://www.inrp.fr/Acces/biotic/evol/orivie/html/histoire.htm.

3. Waclaw Szybalski, *Gene*, vol.4., n.3, 1978, p.181.

4. Ron Weiss, Universidade de Princeton.

6. Quem tem medo das nanotecnologias? (p.115-133)

1. *Charlie Hebdo*, 29 nov 2006.

2. Bill Joy, "Why the future doesn't need us", *Wired*, abr 2000.

3. Mohamed Larbi Bouguerra, "Ignorance toxique", *Le Monde diplomatique*, jun 2002.

4. Instituto Nacional de Pesquisas e Segurança (França), dossiê especial sobre as fibras, 2 jan 2007.

5. Declaração de Jean-Michel Truong, in L. Noualhat, "Technologie: un grand pas vers la 'traçabilité' humaine", *Libération*, 11 mai 2002.

6. Ray Kurzweil, *The Age of Spiritual Machines*, Nova York-Londres, Texere, 2001.

7. "There's plenty of room at the bottom."

8. Transfert.net, 1º ago 2001.

9. Serge Hutin, *L'Alchimie*, Paris, PUF, col. Que Sais-Je?, 2005.

10. <www.stelarc.com>.

11. Transfert.net, 1º ago 2001.

12. Rémi Sussan, *Les Utopies posthumaines*, Sophia-Antiopolis, Ominiscience, col. Les Essais, distribuição PUF, 2005.

13. Ray Kurzweil e Terry Grossman, *Serons-nous immortels? Omega 3, nanotechnologies, clonage*, Paris, Dunod, 2006, no original, *Fantastic Voyage: Live Long Enough to Live Forever*, Emmaus, Rodale, 2004.

14. *Nanoscience and Nanotechnologies: Opportunities and Uncertainties*, relatório da Royal Society e da Royal Academy of Engineering, 29 jul 2004.

15. Excerto de um panfleto do comitê Oblomoff, 20 mar 2007.

16. *Un paysage d'évènements*, Paris, Galilée, col. L'Espace critique, 1997.

Referências bibliográficas

Obras coletivas

Observatório Francês de Técnicas Avançadas (Ofta):

— *La Haute intégration en électronique*. Paris, Masson, col. Arago, n.4, 1987.

— *L'Électronique moléculaire*. Paris, Masson, col. Arago, n.7, 1988.

— *Nanotechnologies et micromachines*. Paris, Masson, col. Arago, n.12, 1992.

— *Microsystèmes*. Paris, Masson, col. Arago, n.21, 1999.

— *Nanocomposants et nanomachines*. Paris, Lavoisier, Tec & Doc, col. Arago, n.26, 2001.

— *Nanomatériaux*. Paris, Lavoisier, Tec & Doc, col. Arago, n.27, 2001.

Royal Society & Royal Academy of Engineering:

— *Nanosciences and Nanotechnologies: Opportunities and Uncertainties*. Londres, 29 jul 2004.

— "Nanosciences". *Pour la Science*, número especial, n.290, dez 2001.

Lahmani, Marcel et al. (orgs.). *Les nanosciences. Nanotechnologies et nanophysique*. Paris, Belin, col. Échelles. 2004; ed. rev. e ampl., 2006.

Outras referências

Bensaude-Vincent, Bernadette. *Se libérer de la matière? Fantasmes autour des nouvelles technologies*. Paris, INRA, 2004.

Drexler, Eric. *Engins de création: l'avènement des nanotechnologies*. Paris, Vuibert, col. Machinations, 2005.

GILLET, Philippe et al. "Bacteria in the Tatahouine Meteorite: nanometric-scale life in rocks". *Earth and Planetary Science Letters*, v.175, 2000, p.161-7.

HUTIN, Serge. *L'Alchimie*. Paris, PUF, col. Que Sais-Je?, 2005.

JOACHIM, Christian. "To be nano or not to be nano?". *Nature Materials*, v.4, n.2, 2005, p.107-9.

JOY, Bill. "Why the future doesn't need us". *Wired*, abr 2000.

KELLER, Evelyn Fox. *Expliquer la vie. Modèles, métaphores et machines en biologie du développement*. Paris, Gallimard, col. Bibliothèque des Sciences Humaines, 2005.

KUBBINGA, Henk. *L'Histoire du concept de molécule*, 3 vols. Paris, Springer, 2002.

KUEHR, Ruediger e Eric Williams. *Computers and the Environment. Understanding and Managing their Impacts* (relatório para a Unesco). Dordrecht, Kluwer Academic Publishers, 2003.

KURZWEIL, Ray. *The Age of Spiritual Machines*. Nova York-Londres, Texere Publishing, 2001.

LARBI BOUGUERRA, Mohamed, "Ignorance toxique", *Le Monde diplomatique*, jun 2002.

LEDUC, Stéphane. *La Biologie synthétique*. Paris, A. Poinat, 1912.

MANILOFF, Jack et al. "Nannobacteria: size limits and evidence". *Science*, v.276, n.5320, 1997, p.1773-6.

MCKAY, David S. et al. "Search for past life on Mars: possible relic Biogenic activity in Martian meteorite ALH84001". *Science*, v.273, n.5277, 1996, p.924-30

MONOD, Jacques. *Le Hasard et la nécessité. Essai sur la philosophie naturelle de la biologie moderne*. Paris, Seuil, 1970.

MOORE, Gordon E. "Cramming more components onto integrated circuits". *Electronics*, 19 abr 1965.

MORIN, Hervé. "Les nanotechnologies suscitent déjà des inquiétudes". *Le Monde*, 30 abr 2004.

ROSNAY, Joël de. "Les biotransistors: la microélectronique du XXIe siècle". *La Recherche*, v.12, n.124, jul-ago 1981.

SUSSAN, Rémi. *Les Utopies posthumaines*. Sophia-Antipolis, Omniscience, col. Les Essais, distribuição PUF, 2005.

SZYBALSKI, Waclaw. In *Gene*, v.4, n.3, 1978, p.181.

TOUMEY, Chris. "Apostolic succession". *Engineering & Science*, v.68, n.1/2, 2005.

UWINS, Philippa et al. "Novel nano-organisms from Australian sandstones". *American Mineralogist*, v.83, n.11-12, 1998, p.1541-50.

VIRILIO, Paul. *Un paysage d'événements*. Paris, Galilée, col. L'Espace critique, 1997.

Agradecimentos

Agradecimentos a Karim Benzerara, Philippe Bertran, Christine Bonnin, Éric Finot, Robert Folk, Henk Kubbinga, Luc Montagnier, ao serviço dos arquivos da Academia de Ciências e ao grupo Nanosciences do Cemes/CNRS, de Toulouse, França.

ANDRES SEGOVIA
NARCISO YEPES
ATAHUALPA YUPANQUI
FRANCISCO TARREGA
AGOSTIN BARRIOS
VILLA LOBOS (Heitor)
Fernando Sor
Baden Powell
Domenico Scarlatti
Joaquim Rodrigo
Toquinho
Canhoto

Este livro foi composto em Berkeley e GeoSans
e impresso pela Geográfica Editora em junho de 2009.